나우웬과 함께하는 아침

Originally published by Servant Publications
as *Mornings with Henri J. M. Nouwen* compiled by Evelyn Bence
© 1997 by Servant Publications
Translated by permission of Servant Publications
P. O. Box 8617, Ann Arbor, Michigan 48107, U.S.A.

Korean Edition © 2001, 2017 by Korea InterVarsity Press
156-10 Donggyo-Ro, Mapo-Gu, Seoul 04031, Republic of Korea.

Excerpted from *Walk with Jesus* by Henri J. M. Nouwen. © 1990 by Henri J. M. Nouwen. Used by permission of Orbis books. From *With Burning Hearts* by Henri J. M. Nouwen. © 1994 by Henri J. M. Nouwen. Used by permission of Orbis books. Korean edition © 1997 by Benedict Press. Used by permission of the publisher. From *A Letter of Consolation* by Henri J. M. Nouwen. © 1982 by Henri J. M. Nouwen. Used by permission of HarperCollins Publishers. From *Gracias! A Latin American Journal* by Henri J. M. Nouwen. © 1983 by Henri J. M. Nouwen. Used by permission of HarperCollins Publishers. Korean edition © 1988 by St. Joseph Publishing Co. Used by permission of the publisher. From *Letters to Marc about Jesus* by Henri J. M. Nouwen. © 1987, 1988 by Henri J. M. Nouwen. Used by permission of HarperCollins Publishers. Korean edition © 2000 by The Blessed Peolple Publishing. Used by Permission of the publisher. From *The Way of the Heart* by Henri J. M. Nouwen. © 1981 by Henri J. M. Nouwen. Used by permission of HarperCollins Publishers. Korean edition © 1997 by Benedict Press. Used by permission of the publisher. From *The Living Reminder* by Henri J. M. Nouwen © 1977 by Henri J. M. Nouwen. Used by HarperCollins Publishers. Korean edition © 1999 by Tyrannus Publishing. Used by permission of the publisher. From *Heart Speaks to Heart* by Henri J. M. Nouwen. © 1989 by Ave Maria Press. Used by permission of the publisher. Korean edition © 1999 by St. Paul's. Used by permission of the publisher. From *Out of Solitude* by Henri J. M. Nouwen. © 1974 by Ave Maria Press. Used by permission of the publisher. Korean edition © 1983 by St. Paul's. Used by permission of the publisher. From *Behold the Beauty of the Lord* by Henri J. M. Nouwen. © 1987 by Ave Maria Press. Used by permission of the publisher. Korean edition © 1989 by Benedict Press. Used by permission of the publisher. From *In Memoriam* by Henri J. M. Nouwen. © 1980 by Ave Maria Press. Used by permission of the publisher. Korean edition © 1993 by St. Paul's. Used by permission of the publisher. From *Can You Drink the Cup?* by Henri J. M. Nouwen © 1996 by Ave Maria Press. Used by permission of the publisher. Korean edition © 1998 by Pauline. Used by permission of the publisher. From *With Open Hands* by Henri J. M. Nouwen. © 1972 by Ave Maria Press. Used by permission of the publisher. Korean edition © 1997 by St. Paul's. Used by permission of the publisher. From *Jesus and*

Mary: Finding Our Sacred Center by Henri J. M. Nouwen. © 1993 by Henri J. M. Nouwen. Used by permission of St. Anthony Messenger Press. From *Beyond the Mirror* by Henri J. M. Nouwen. © 1990 by Henri J. M. Nouwen. Used by permission of The Crossroad Publishing Co. Korean edition © 1998 Tyrannus Publishing. Used by permission of the publisher. From *Here and Now* by Henri J. M. Nouwen. © 1994 by Henri J. M. Nouwen. Used by permission of The Crossroad Publishing Co. Korean edition © 1995 by Eun Sung Publishing. Used by permission of the publisher. From *Life of the Beloved* by Henri J. M. Nouwen © 1994 by Henri J. M. Nouwen. Used by permission of The Crossroad Publishing Co. From *The Path of Waiting* by Henri J. M. Nouwen © 1995 by Henri J. M. Nouwen. Used by permission of The Crossroad Publishing Co. From *The Path of Power* by Henri J. M. Nouwen © 1995 by Henri J. M. Nouwen. Used by permission of The Crossroad Publishing Co. From *The Path of Peace* by Henri J. M. Nouwen © 1995 by Henri J. M. Nouwen. Used by permission of The Crossroad Publishing Co. From *In the Name of Jesus* by Henri J. M. Nouwen. © 1989 by Henri J. M. Nouwen. Used by The Crossroad Publishing Co. Korean edition © 1998 by Tyrannus Publishing. Used by permission of the publisher. From *Reaching Out* by Henri J. M. Nouwen. © 1975 by Henri J. M. Nouwen. Korean edition © 1998 Tyrannus Publishing. Used by permission of the publisher. From *The Wounded Healer* by Henri J. M. Nouwen. © 1972 by Henri J. M. Nouwen. Korean edition © 1999 by Tyrannus Publishing. Used by permission of the publisher. From *Creative Ministry* by Henri Nouwen © 1971 by Henri J. M. Nouwen. Korean edition © 1979 by St. Paul's. Used by permission of the publisher. From *The Inner Voice of Love* by Henri. J. M. Nouwen © 1996 by Henri J. M. Nouwen. Korean edition © 1998 by Pauline. Used by permission of the publisher. From *The Return of the Prodigal Son* by Henri J. M. Nouwen © 1992 by Henri J. M. Nouwen. Korean edition © 1997 by Poiema. Used by permission of the publisher. From *Clowning in Rome* by Henri J. M. Nouwen © 1979 by Henri J. M. Nouwen. Korean edition © 2000 by The Catholic University of Korea Press. Used by permission of the publisher. From "Anger Burden" by Henri J. M. Nouwen, Weavings(March/April 1994) © 1994 by Henri Nouwen Literature Centre. Used by permission of the publisher.

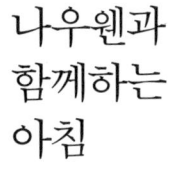

나우웬과
함께하는
아침

Mornings with
Henri J. M. Nouwen

IVP

서론

헨리 나우웬은 우리 시대에 가장 인기 있고 깊이 있는 영성 저술가 가운데 한 사람이었습니다.

사제이자 심리학자이며 저명한 교수였던 나우웬은 '우리와 같은 사람'으로 기억됩니다. 인생과 신앙에 내재된 모순들을 해결하고자 노력했다는 점에서, 진정한 마음의 고향을 찾으려 했다는 점에서, 기쁨과 즐거움을 주는 예기치 않은 통찰들을 예찬했다는 점에서 그렇습니다.

나이가 들면서 그는 달라졌습니다. '의무'를 강조하던 젊은 목회자의 목소리가 인격적인 목소리로 변했고, 독자들이 마치 자신의 친구들인 양 그들을 자기 삶의 기쁨과 슬픔으로 초대했습니다. 그를 한 번도 만난 적이 없는 독자들도 1996년 그의 갑작스러운 죽음을 애도했습니다.

나는 이 책이 새로운 독자들에게 나우웬과 그가 다룬 주제들, 곧 그의 모든 것이라 할 수 있는 기도, 고독, 공동체를 소개해 주리라 믿습니다. 또 이 책은 그가 후기 저술들에서 다룬 한 가지 특별한 주제, 곧 다양한 방식으로 표현한 한이 없으신 하나님의 사랑을 소개해 줄 것입니다.

나우웬의 기존 팬들은 마음을 새롭게 하는 그의 글들의 진수, 곧 그들의 걸음에 도전을 주고 짐을 가볍게 하며, 그들을 그리스도와 옛 친구에 대한 기억으로 이끌어 줄 통찰을 만나게 될 것입니다.

이 책을 좋아하게 되었다면 책의 말미에 나오는 인용 도서 목록 중 아무 책이나 골라서 이 동료 여행자가 남긴 지혜의 보고를 발견하십시오.

편집자 에벌린 벤스(Evelyn Bence)

1
시간이 지나가니

주님, 인생이 너무 빨리 지나갑니다. 몇 년 전에는 저를 완전히 압도했던 사건들이 지금은 거의 기억나지 않습니다. 몇 달 전만 해도 제 삶에서 너무나 중요해 보였던 갈등도 이제는 아무 쓸데가 없고 힘을 기울일 가치도 없는 것 같습니다. 겨우 몇 주 전에 제 잠을 빼앗아 갔던 내적 동요가 이제는 과거에나 존재했던 낯선 감정이 되었습니다. 며칠 전에 감탄하며 읽었던 책들이 이제는 더 이상 중요하지 않아 보입니다. 몇 시간 전에 제 마음을 사로잡았던 생각들도 이제는 힘을 잃어버렸고, 다른 것들이 그 자리를 차지하고 있습니다.

이런 통찰로부터 배우기가 왜 이토록 힘이 듭니까? 왜 저는 줄곧 긴박감과 위기의식이라는 함정에 빠지는 것입니까? 왜 저는 당신이 영원한 분이심을, 당신의 나라가 영원히 지속될 것임을, 당신에게는 천 년이 하루 같다는 사실을 보지 못합니까? 오, 주님. 당신의 임재 속으로 들어가, 영원하고 영속적인 사랑을 맛보게 하소서. 당신은 시간의 제한을 받는 저의 걱정, 두려움, 염려, 근심들을 없애 주시기 위해 그 사랑으로 저를 초대하셨습니다. 당신은 말씀하셨습니다. "먼저 그의 나라와 그의 의를 구하라, 그리하면 이 모든 것을 너희에게 더하시리라"(마 6:33).

시간의 제한을 받는 모든 것은, 당신이 제가 거하기를 원하시는 그 장소에서 그것을 바라볼 수 있을 때에야 진정한 의미를 드러낼 것입니다. 그곳은 바로 영원한 사랑의 장소입니다.

2
우리가 해야 할 일이란

해야 할 일을 하는 것과 하고 싶은 일을 하는 것을 구별하기란 쉽지 않습니다. 우리의 수많은 욕망은 우리 눈을 가리어, 참된 행동을 못하게 할 수 있습니다. 참된 행동은 소명을 완수하도록 우리를 이끌어 줍니다. 일할 때나 여행할 때, 책을 쓰거나 영화를 만들거나 혹은 가난한 사람을 돌볼 때, 지도자로서 리더십을 발휘하거나 돋보이지 않는 평범한 일을 수행할 때, 즉 언제든지 우리는 "나는 무엇을 가장 하고 싶은가?"가 아니라 "나를 향한 하나님의 부르심은 무엇인가?"라고 물어야 합니다. 사회에서 가장 중요한 위치에 있는 사람들 중에는 하나님의 부르심에 순종하여 그 자리에 있는 사람이 있는가 하면 부르심을 거부하여 그 자리에 있는 사람도 있습니다. 마찬가지로 보잘것없는 일을 하는 사람들 중에도 부르심에 따라 그 일을 하는 사람이 있는가 하면 부르심을 피하기 위한 방편으로 그 자리에 있는 사람도 있습니다.…

나의 뜻이 아닌 하나님의 뜻을 따르겠다고 결심하면 우리가 하는 일이 상당 부분 꼭 해야만 하는 일이 아님을 알게 될 것입니다. 우리는 우리에게 진정한 평안과 기쁨을 주는 일을 하도록 부름받았습니다.…

과로하고 탈진해 가며 하는 행동들은 하나님을 높이고 영화롭게 할 수 없습니다. 하나님은 우리가 **할 수 있는** 일을 찾아 **최선을 다하기를** 바라십니다. 침묵 가운데서 하나님의 음성을 듣고 신뢰하는 마음으로 친구들과 이야기를 나눌 때 우리는 해야 할 일이 무엇인지 알게 되고 기쁜 마음으로 그 일을 할 수 있을 것입니다.

3
의미에 대한 성찰

아기가 태어나거나, 친구가 결혼하거나, 부모님 중 한 분이 돌아가시거나, 사람들이 반란을 일으키거나, 어떤 민족이 기아선상에 있을 때, 우리가 이런 일들을 아는 것 그리고 이에 대해 축하하거나 슬퍼하거나 혹은 할 수 있는 최선의 반응을 보이는 것만으로는 충분하지 않습니다. 우리는 계속해서 자문해야 합니다. "이 모든 것은 무엇을 의미하는가? 하나님은 우리에게 무엇을 말씀하고 계신가? 우리는 이 모든 일 가운데서 어떻게 살도록 부름받았는가?" 이와 같은 질문들이 없다면, 삶은 무미건조해집니다.

이러한 질문에 해답이 있을까요? 물론 있습니다. 그러나 우리가 먼저 이 질문들을 생활화(live the question)하지 않거나, 릴케가 말한 대로 우리도 모르는 사이에 우리가 그 해답이 되어 가리라는 것을 믿지 않는다면, 해답은 결코 찾지 못할 것입니다. 한 손에는 성경을 다른 한 손에는 신문을 들고 살아갈 때, 우리는 언제나 새로운 질문들을 발견할 것입니다. 차츰 우리 앞에 해답이 드러날 거라고 신뢰하면서 신실하게 이 질문들을 생활화하는 방법 역시 발견하게 될 것입니다.

4
기억의 치유

모든 사역은 우리의 삶에 하나님의 심판과 자비가 미치지 않는 영역은 하나도 없다는 확신에 바탕을 두고 있습니다. 그러나 우리는 우리의 양심뿐 아니라 하나님의 눈에도 보이지 않게 삶의 일부를 숨기면서 스스로 하나님의 역할을 하려 듭니다. 스스로 과거의 심판관이 되어서 자비를 제한한 채 두려워합니다. 그렇게 하여 자신의 고통뿐 아니라 우리를 위한 하나님의 고통으로부터 자신을 단절시킵니다. 사역의 도전적 측면은, 아주 구체적인 상황에 놓인 사람들을 돕는다는 점입니다. 즉 병든 사람들이나 슬픔에 잠긴 사람들, 신체적 또는 정신적 장애를 가진 사람들, 가난과 억압으로 고통받는 사람들, 세속적 혹은 종교적 제도의 복잡한 망에 갇힌 사람들이 그들입니다. 이들을 도울 때 우리는 그들의 이야기를, 이 세상에서 계속되는 하나님의 구속 사역의 한 부분으로 보고 경험하게 됩니다. 이런 통찰과 경험이 우리를 치유합니다. 왜냐하면 그것이 세상과 하나님 사이의 단절된 관계를 회복하여 전에는 파괴적으로만 보이던 기억들을 지금은 구속의 한 부분으로 선포하는 새로운 연합을 가져오기 때문입니다.

5
내 짐은 가벼우니라

사랑의 주님, 당신은 "나는 마음이 온유하고 겸손하니 나의 멍에를 메고 내게 배우라"(마 11:29)고 말씀하셨습니다. 오늘 이 말씀이 제 마음에 와 닿았습니다. 제가 제 멍에에 대해 얼마나 자주 불평하는지, 다른 사람들이 자신의 멍에에 대해 불평하는 것을 얼마나 자주 듣는지 깨달았기 때문입니다. 저는 자주 인생과 인생의 과업들, 부담스러운 일들에 대해 깊이 생각하다가 금세 비관하거나 낙담하여, 저만의 '독특한' 문제에 관심을 기울여 달라고 간구하며, 시간과 에너지를 대부분 짜증과 분노를 표출하는 데 써 버립니다.

당신은 "내가 너의 짐을 가져가겠다"고 말씀하지 않으시고, "내 짐을 지도록 너를 초청한다"고 말씀하십니다. 당신의 짐은 진짜 짐입니다. 그것은 모든 인간의 죄와 실패의 짐입니다. 당신은 그 짐을 지시고 그 무게 때문에 죽으셨습니다. 그리고 그 짐을 가볍게 만드셨습니다.

오, 주님. 저로 하여금 거짓된 짐을 버리고 진짜 짐에 주의를 기울이게 하시고, 당신과 하나가 되어 당신의 짐을 지게 해 주십시오. 그럴 때에야 저는 쓰라린 감정과 분노의 유혹들을 이기고, 당신의 은혜 가운데서 기쁘고 즐겁게 살 수 있을 것입니다.

"내 멍에는 쉽고 내 짐은 가벼움이라"(마 11:30)고 하신 당신의 말씀을 더 잘 이해하게 해 주십시오. 아멘.

6
축복의 음성에 귀 기울이기

개인적으로 기도가 축복의 음성을 듣는 더 좋은 방법임을 점점 깨닫고 있습니다.…

　때로는 기도 중에 아무 일도 일어나지 않는다고 느낄 것입니다. 우리는 "나는 그저 그곳에 앉아 있을 뿐이고, 마음이 혼란스러워집니다"라고 말합니다. 그러나 매일 30분씩 사랑의 음성에 귀 기울이는 훈련을 해 나간다면, 우리가 의식하지도 못하는 사이, 어떤 일이 서서히 일어난다는 사실을 알게 될 것입니다. 지난 시간을 돌아보아야만 우리를 축복하는 목소리를 발견할 수 있을지도 모릅니다. 귀 기울이는 시간 동안 일어난 일이라곤 수많은 혼란뿐이라고 생각할지도 모릅니다. 그러나 경건의 시간을 가질 수 없을 때는, 그 시간을 그리워하는 자신의 모습을 발견하게 됩니다. 성령의 역사는 매우 온유하며 부드럽고 은밀합니다. 그것은 주의를 끌지는 않습니다. 그러나 그 역사는 또한 매우 끈질기며 강하고 깊습니다. 그것은 우리 마음을 철저하게 변화시킵니다.

7
사귐으로의 초대

이번 주에 나는 개인 기도에 대한 저항감을 자주 경험했습니다. 홀로 앉아 기도하려 할 때마다 내 생각은 최근에 읽고 있는 책 속을 헤매 다니다가, 계속 책을 읽고 싶어지기도 하고, 허기를 느끼기도 하고, 이해할 수 없었던 어떤 수도자에 대한 생각을 하기도 하고, 떨쳐 버릴 수 없는 적대감이나 백일몽에 빠져들기도 했습니다. 그러면 보통 나는 다시 생각의 초점을 잡기 위해 잠시 독서를 하고 맙니다. 그러나 블라디미르 성모상 앞에 무릎을 꿇고 있을 때는 뭔가 달랐습니다. 어쩐 일인지 묵상에 대한 저항감은 사라지고, 예수님과 마리아 사이의 사귐 속으로 들어오라는 초대를 받는 것이 즐겁기만 했습니다.

요한 에우데스(John Eudes) 수도원장은 이 모든 것 속에 담긴 심리적 의미를 무시하지 않았습니다. 그는 나의 정서 생활이 실제로 얼마나 남성적인지, 내 내면의 중심에 경쟁과 적대감이 어느 정도나 자리 잡고 있는지, 나의 여성적 측면이 얼마나 잘 개발되어 있지 못한지 알려 주었습니다.…그리고 하나님의 영을 의미하는 히브리어 '루아흐'(*ruach*)는 남성형인 동시에 여성형이며, 따라서 이는 하나님이 남성이신 동시에 여성이심을 강조하고 있다고 상기시켜 주었습니다. 마리아는 나로 하여금 다시 나의 수용적이고 묵상적인 측면에 다가가도록 도와줍니다. 공격적이고 적대적이고 거만하고 경쟁적인 측면으로만 치우친 것에서 균형을 잡도록 도와줍니다.

8
생각을 대화로 바꾸기

내 생각에, 기도란 다른 것들에 대해서 생각하는 대신 하나님에 대해 생각하는 것은 아닌 듯합니다. 혹은 다른 사람들과 함께 있는 대신 하나님과 시간을 보내는 것도 아닌 듯합니다. 기도란 하나님의 임재 가운데 생각하고 살아가는 것을 의미합니다. 우리의 생각을, 하나님에 대한 생각과 사람 및 사건들에 대한 생각으로 양분하는 순간, 우리는 하나님을 일상에서 내쫓고 그분을 경건한 작은 벽장에 가두게 됩니다. 우리가 경건한 생각을 할 수 있고 경건한 느낌을 가질 수 있는 벽장 말입니다. 물론 하나님 한 분만을 위한 시간을 따로 떼어 놓는 것은 너무나 중요하고 영성 생활에 꼭 필요합니다. 그러나 우리가 모든 생각—아름답거나 추하거나, 고상하거나 저급하거나, 자랑스럽거나 부끄럽거나, 슬프거나 즐겁거나—을 하나님의 임재 가운데서 할 수 있을 때에만 우리 기도는 끊이지 않을 수 있습니다. 그러므로 우리의 끊임없는 생각을 끊임없는 기도로 바꾸면, 우리는 자기 중심적인 독백에서 하나님께 초점을 맞춘 대화로 나아가게 됩니다. 이를 위해서는 모든 생각을 대화로 바꿔야 합니다. 그러므로 중요한 질문은 무슨 생각을 하느냐가 아니라 우리의 생각을 누구에게 내어 놓느냐 하는 것입니다.

9
혁명적인 기도

기도란, 사랑으로서 자신을 드러내시는 그 능력의 영향력 앞에 우리 자신을 열어 보이는 것입니다. 그 능력은 우리에게 자유와 독립을 가져다 줍니다. 이 능력의 손길을 받기만 하면, 우리 안에 있는 셀 수 없이 많은 의견들, 생각들, 느낌들 때문에 더 이상 이리저리 흔들리지 않습니다. 삶의 중심을 찾게 되는 것입니다. 그것은 우리가 보고 듣고 느끼는 모든 것을 그 근원에 비추어 검증할 수 있도록 우리에게 창조적인 간격을 마련해 줍니다. 그리스도는 기도란 하나님의 능력을 공유하는 것임을 가장 분명하게 보여 주신 분입니다. 기도는 그분으로 하여금 그분의 세상을 변화시킬 수 있게 해 주었고, 수없이 많은 사람을 그들의 존재의 사슬에서 끌어내게 하는 힘을 주었습니다. 하지만 그것은 다른 이들의 공격성을 자극하여 그분을 죽음으로 이끌기도 했습니다. 사람의 아들로 또한 하나님의 아들로 불리신 그리스도께서는 기도가 무엇인지 보여 주셨습니다. 하나님은 그분 안에서 많은 사람의 흥망성쇠 앞에 자신을 나타내 보이셨습니다.

기도가 혁명적인 이유는, 일단 시작하기만 하면 우리의 삶 전체가 중대한 국면에 직면하기 때문입니다. 우리가 진정으로 기도를 시작한다면, 다시 말해 진정으로 보이지 않는 것의 실재 속으로 들어간다면, 우리는 감히 가장 근본적인 비평을 하고 있음을 깨달아야만 할 것입니다. 많은 사람이 기다리고 있지만, 다른 많은 사람에게는 너무나 엄청난 것이 될 비평 말입니다.

10
기도의 역설

기도의 훈련에 대해 말하는 성도들과 영적 인도자들은, 기도는 또한 하나님의 선물이라는 점을 우리에게 되새겨 줍니다. 우리 혼자 힘으로는 진실한 기도를 할 수 없으며 우리 안에서 기도하시는 분은 바로 하나님의 영이라고 그들은 말합니다. 바울은 이 점을 다음과 같이 분명하게 표현했습니다. "성령으로 아니하고는 누구든지 예수를 주시라 할 수 없느니라"(고전 12:3). 우리는 하나님을 어떤 관계 안으로 밀어넣을 수 없습니다. 하나님이 스스로 먼저 우리에게 오시는 것이지 우리의 어떤 훈련이나 노력이나 고행으로 하나님을 오시게 만드는 것이 아닙니다. 모든 신비가들이 하나같이 입을 모아 강조하는 것처럼 기도는 '은총' 즉 하나님이 값없이 주시는 선물이며 우리는 거기에 감사할 수 있을 뿐입니다. 하지만 그들은 주저하지 않고 이 고귀한 선물이 실로 우리가 손을 뻗어 잡을 수 있는 범위 안에 있다는 점을 덧붙입니다. 하나님은 예수 그리스도 안에서 가장 친밀한 방식으로 우리 삶으로 들어오셨고 이로써 우리는 성령을 통해 그분의 삶에 들어갈 수 있습니다.…

그러므로 기도의 역설이란, 기도는 오로지 선물로 받을 수 있는 것이면서도 진지한 수고를 요한다는 것입니다. 우리는 하나님을 계획하거나 조직하거나 조작할 수 없습니다. 하지만 신중한 훈련이 없이는 하나님을 모셔 들일 수 없습니다. 이러한 기도의 역설은 우리로 하여금 유한한 우리 존재의 한계 너머를 바라보게 합니다.

11
그럴 때에만

이러한 기도 훈련은 여러 형태의 기도를 포함합니다. 즉 그것은 개인 기도는 물론 공동 기도도, 묵상 기도는 물론 소리 내어 하는 기도도 포함합니다. 무엇보다 기도야말로 하나님과 함께 거하는 방식임을 이해한 가운데 기도하기 위해 애쓰는 것이 중요합니다. 우리는 종종 "항상 감사하며 살아야 한다"고 말하지만, 이는 일정한 시간에 매우 구체적이고 가시적인 방식으로 감사를 표현할 때에만 가능합니다. 우리는 종종 "매일 하나님의 영광을 위해 살아야 한다"고 말하지만, 이는 하나님께 영광을 돌리기 위해 정기적으로 하루를 떼어 놓을 때에만 가능합니다. 우리는 종종 "항상 서로 사랑해야 한다"고 말하지만, 이는 우리가 정기적으로 구체적이고 분명한 사랑의 행위를 할 때에만 가능합니다. 마찬가지로 하나님만을 생각하는 때가 있어야만 "우리의 모든 생각이 기도가 되어야 한다"고 말할 수 있습니다.

12
소망을 가지고 살면

소망을 가지고 살면, 우리의 소원들이 어떻게 이루어질까 하는 걱정들에 휘말리지 않습니다. 그러므로 우리의 기도 또한 선물을 바라는 것이 아니라 그 선물을 주시는 분을 향하게 됩니다. 우리의 기도들에는 여전히 많은 소원이 들어 있겠지만, 궁극적으로 기도는 어떤 소원이 이루어지느냐의 문제가 아니라 모든 좋은 것을 주시는 분에 대한 끝없는 신앙을 표현하는 문제입니다. 우리는 이런저런 것을 소원합니다.…그러나 무언가를 소망합니다. 소망의 기도를 위한 필수 요소는 어떤 보장도 요구하지 않고 어떤 조건도 제시하지 않으며 어떤 증거도 구하지 않는 것이고, 어떤 식으로도 그분을 속박하지 않으면서 그분에게 모든 것을 기대하는 것입니다. 소망은 그분이 좋은 것만 주신다는 전제에 근거합니다. 소망이란, 언제, 어디서, 어떻게 그 일이 일어날지 결코 알 수 없을지라도 그분이 사랑의 약속을 이루어 주시기를 기다리는 열린 마음을 포함합니다.

13
희망의 역설

내일을 믿는 사람은 오늘을 더 잘 살 수 있고, 슬픔에서 오는 기쁨을 희망하는 사람은 낡은 것 가운데서 새로운 삶의 시초를 찾을 수 있습니다. 또한 다시 하나님을 고대하는 사람은 이미 자기 안에 계신 하나님을 발견할 수 있습니다. 이것이 바로 희망의 역설입니다.

우리는 편지 한 통이 하루를 어떻게 바꾸어 놓는지 압니다. 우편함 앞에 줄지어 서 있는 사람들을 눈여겨보면 조그마한 종이 한 장이 사람의 얼굴을 어떻게 바꾸어 놓는지 알 수 있습니다. 굽어 있던 등이 쭉 펴지고, 축 처져 있던 입이 휘파람을 불기 시작합니다.…

희망 속에서 사는 삶은, 애타게 기다리는 사람에게서 예상보다 일찍 편지를 받은 사람의 삶과 같다고 할 수 있습니다. 희망은 슬픔 한가운데에도 기쁨을 가져오고, 그리움으로 가득 찬 가슴에 사랑하는 이를 데려옵니다. 과거에 우리와 함께 있었고 미래에 다시 우리를 찾아올 그 사람은 추억과 소망이 교차하는 귀중한 순간에 이미 우리와 함께 있습니다.

14
희망의 모체

희망의 모체는 인내입니다.…인내라는 단어는 고통받는다는 뜻의 '파티오르'(*patior*)에서 유래했습니다.

아름답게 물든 단풍잎이 앙상한 겨울나무의 황량함을 연상시키듯 기쁨과 슬픔은 언제나 가까이에 있습니다. 귀향한 친구의 손을 잡는 순간, 우리는 그가 다시 떠나리라는 사실을 이미 압니다. 찬란한 햇살이 비치는 잔잔하고 넓은 바다를 보며 감격하는 순간, 우리는 이러한 장관을 함께 즐길 수 없는 친구를 그리워합니다. 기쁨과 슬픔은 같은 순간에 태어납니다. 그리고 그것은 마음 아주 깊은 곳에서 나오기 때문에 우리는 우리의 복잡한 감정을 표현할 말을 찾지 못합니다.

그러나 이렇게 생의 마디마디에 죽음의 손길이 스쳐 지나가고 있음을 깊이 체험할 때 우리는 우리 존재의 한계를 훨씬 초월한 곳으로 눈을 돌리게 됩니다. 그래서 우리는 희망을 안고 우리 마음이 완전한 기쁨으로 채워질 날을 고대합니다. 그 기쁨은 아무도 빼앗을 수 없습니다.

15
두 세계 사이에서

지금 내 앞에 놓인 가장 중대한 영적 과업은, 내가 하나님께 속한 존재라는 사실을 온전히 믿음으로써 세상에서 자유로워지는 것입니다. 여기서 말하는 자유란, 내 말이 받아들여지지 않을지라도 말할 수 있는 자유, 내 행동이 비난과 비웃음을 사고 쓸데없는 일로 여겨지더라도 행동할 수 있는 자유, 사람들에게 사랑받을 수 있는 자유, 이 세상에 하나님이 임재하셨음을 나타내는 모든 징표로 인하여 감사드릴 수 있는 자유를 의미합니다. 나는 내가 무한한 사랑을 받는다는 사실을 온전히 믿을 때, 진정 세상을 사랑할 수 있음을 확신합니다.

마취에서 깨어나 내가 하나님의 집에 와 있지 않고 아직도 세상에 살아 있음을 알았을 때, 나는 내가 보냄을 받았다는 사실을 곧 인식하게 되었습니다. 사랑에 주리고 목마른 사람들에게 그들 모두를 품어 주시는 아버지의 사랑을 알리도록 보냄을 받았다는 사실을 말입니다.

16
은혜의 역설

마리아의 모든 아름다움은 예수님에게서 나왔지만 그녀 자신만으로도 너무 완벽합니다. 베르나데트(Bernadette, 성모 마리아의 발현을 목격했다고 알려진 수녀로, 1879년 죽은 후 지금까지 시신이 썩지 않은 것으로 유명함-편집자)의 모든 거룩함은 예수님이 주셨지만, 그녀는 완전히 자유롭게 자신의 모든 부분을 소유합니다. 내 안에 있는 모든 사랑은 예수님이 주신 선물이지만, 내가 할 수 있는 모든 사랑의 몸짓은 나만의 것으로 인식될 것입니다. 이것이 은혜의 역설입니다. 은혜라는 가장 온전한 선물은 자유라는 가장 온전한 선물과 함께 주어집니다. 그리스도를 통해 하나님이 내게 주신 것 중에 선하지 않은 것은 아무것도 없습니다. 나는 예수님과 가까워질수록 더욱 완전한 자유를 누리게 됩니다.

내가 앞으로 어떤 사람이 되든지, 모든 선한 것은 예수님에게서 말미암은 것일 겁니다. 그러나 진실로 나는 예수님에게서 말미암은 것이 모두 다 나의 것이라고 주장할 수 있습니다.

17
이중성을 다루는 법

우리 안에는 양과 사자가 있습니다. 영적 성숙은 이 양과 사자가 함께 뒹굴며 지내도록 해 주는 능력입니다. 사자는 공격적이고 성숙한 자아이며, 주도적이며 결정을 내리는 자아입니다. 그러나 우리 안에 두려움 많고 연약한 양도 있습니다. 이는 애정과 지원과 격려와 보살핌이 필요한 자아입니다.

우리가 사자에게만 주의를 기울이면 지나치게 힘을 쓰다가 지쳐 버리고 말 것입니다. 반대로 양에게만 주의를 기울이면 자칫 다른 사람의 보살핌만 갈망하는 존재가 될 것입니다. 영적 삶을 사는 요령은 사자와 양을 둘 다 온전히 인정하며 사는 것입니다. 그래야만 내면의 욕구를 무시하지 않으면서도 단호하게 행동할 수 있습니다. 리더십의 재능을 저버리지 않고도 애정과 돌봄을 바랄 수 있습니다.

하나님의 자녀가 된다는 것은 우리의 책임을 벗어 버린다는 의미가 아닙니다. 마찬가지로 성숙한 자아가 된다고 해서 하나님의 자녀가 될 수 없는 것도 아닙니다. 사실은 정반대입니다. 하나님의 자녀로서 편안함을 느낄수록, 책임 있는 인간으로서 이 세상에서의 사명을 더 자유롭게 인정할 수 있습니다. 또한 우리에게 하나님을 위해 완수할 독특한 임무가 있음을 인정할수록, 우리의 깊은 필요가 충족되도록 마음을 더 잘 열 수 있을 것입니다.

18
하나님의 사랑을 받는 자

당신과 나의 우정을 통해 내가 당신에게 줄 수 있는 가장 위대한 선물은, 당신이 사랑받는 자가 되었다는 사실입니다. 나는 그것이 나에게도 해당하는 사실임을 인정할 수 있을 때에만 당신에게 그것을 선물로 줄 수 있습니다. 우정이란 무엇입니까? 우리가 사랑받는 자가 되었다는 선물을 서로에게 주는 것이 아닙니까?

그렇습니다. 그 목소리가 있었습니다. 위로부터 그리고 내 안에서부터 들려오는 목소리, 부드럽게 속삭이기도 하고 크게 선포하기도 하는 목소리가 있습니다. "이는 내 사랑하는 이요 내 기뻐하는 자라." 그러나 "너는 아무 소용도 없고 추한 사람이야…"라고 외치는 목소리들로 가득한 세상에서 그 목소리를 듣는 것은 분명 쉬운 일이 아닙니다.

이런 부정적인 목소리는 너무 크고 끈질겨서 그대로 믿어 버리기 쉽습니다. 그러나 그것은 바로 자기 거부라는 함정입니다!

19
축복받은 자

축복받은 사람은 항상 다른 사람을 축복합니다. 사람들은 정말 축복받기를 원합니다. 이것은 어디에서나 분명한 사실입니다. 어느 누구도 자신의 삶을 저주나 험담, 고발이나 비난으로 얼룩지게 하려고 하지는 않습니다. 그러나 늘 우리 주위에는 그런 일들이 아주 많이 일어나고, 그것은 어둠, 파괴, 죽음을 부릅니다. '축복받은 사람들'인 우리는 이 세상을 살아가면서 축복을 나누어 줄 수 있습니다. 그것은 많은 노력을 들여야 하는 일이 아닙니다. 그것은 우리 마음속에서 자연스럽게 흘러나오는 것입니다. 내면에서 우리 이름을 부르고 우리를 축복하는 목소리를 들을 때, 어둠은 더 이상 우리를 혼란스럽게 하지 못합니다. 우리를 사랑받는 자로 부르시는 그 목소리가 다른 사람을 축복하는 말들을 알려 주실 것이고, 그들도 우리와 동일하게 축복받은 존재임을 그들에게 드러내실 것입니다.

20
당신의 마음에는 사랑뿐입니다

오, 주님. 제가 그렇게도 갈망하는 그 사랑을 찾기 위해 주님 외에 갈 곳이 어디에 있겠습니까? 어떻게 저와 마찬가지로 죄에 물든 사람들에게 제 존재의 가장 은밀한 곳에서 저를 어루만져 줄 그런 사랑을 기대할 수 있겠습니까? 그 누가 주님이 저를 씻어 주시듯이 깨끗이 씻어 주고, 주님이 먹을 것과 마실 것을 주시듯이 줄 수 있겠습니까? 그 누가 주님이 원하시듯이 저와 그처럼 가깝게, 친하게 사귀고 싶어 하며, 또 저를 그처럼 안전하게 해 주고 싶어 하겠습니까? 오, 주님, 당신의 사랑은 만질 수 없는 사랑이 아니며, 말과 생각으로 남아 있는 그런 사랑이 아닙니다. 그렇지 않습니다, 주님. 당신의 사랑은 당신의 인간적인 마음에서 나오는 사랑입니다. 그 사랑은 진심에서 우러나와 전 존재로 표현되는 사랑입니다. 주님은 저에게 말씀하시고…저를 바라보시고…저를 만지시고…저에게 먹을 것을 주십니다. 그렇습니다. 당신은 당신의 사랑을 제 모든 감각으로 느낄 수 있는 그런 사랑이 되게 하십니다. 어머니가 아이를 품듯 저를 품어 주시고, 아버지가 아들을 끌어안듯 저를 안아 주시고 오빠가 동생들을 쓰다듬듯 저를 쓰다듬어 주시는 그런 사랑이 되게 하십니다.

오, 사랑의 예수님. 당신의 마음에는 사랑뿐입니다. 저는 당신을 봅니다. 당신의 목소리를 듣습니다. 당신을 만집니다. 저의 온 존재로, 당신이 저를 사랑하신다는 것을 압니다.

21
바른 시각을 가지라

하나님은 "너는 내가 사랑하는 자다"라고 말씀하실 뿐 아니라, "네가 나를 사랑하느냐?"고 물으시고 우리가 "네, 그렇습니다"라고 대답할 기회를 셀 수 없이 많이 주십니다. 우리 내면에 자리한 "네, 그렇습니다"라고 대답하는 기회, 이것이 바로 영적인 삶입니다. 이렇게 이해하게 되면 영적 삶이 모든 것을 철저히 변화시킵니다. 태어나고 자라는 것, 집을 떠나 직장을 찾는 것, 칭찬받거나 거절당하는 것, 걷는 것과 쉬는 것, 기도하는 것과 노는 것, 아픈 것과 치료받는 것, 사는 것과 죽는 것, 이 모든 것이 "네가 나를 사랑하느냐?"는 하나님의 질문이 표현된 것입니다. 그리고 인생 여정의 모든 순간에 우리는 "네, 그렇습니다"라고 할 수도 있고 "아니오, 그렇지 않습니다"라고 할 수도 있습니다.

영적 시각을 조금이라도 가지면, 우리의 일상에서 아주 중요한 구분들이 그 의미를 잃어버리는 경우가 얼마나 많은지 알 수 있을 것입니다. 기쁨과 고통이 둘 다 우리가 하나님의 자녀가 되었음을 인정하는 기회가 된다면, 그 둘은 서로 다른 것이 아니라 오히려 비슷한 것입니다.

22
질문의 전환

하나님은 공동체 안에서 먼저 그분의 사랑을 충만히 드러내십니다. 그리고 바로 그곳에서 복음 선포가 시작됩니다. 이는 우리 삶에서 매우 중요한 의미를 지닙니다. 사실 이제는 "어떻게 하면 나의 영적 생활을 최대한 발전시켜 다른 사람들과 나눌 수 있을까?"를 묻지 않습니다. 그보다는 "참으로 하나님의 성령이 임하시는 공동체, 하나님의 소망과 사랑의 메시지를 세상에 비추고 전할 수 있는 믿음의 공동체를 어디서 찾을 수 있을까?"를 묻습니다. 일단 이 문제가 주요 관심사가 되면, 우리는 영적 생활과 공동체 생활을 더 이상 분리할 수 없습니다. 하나님께 속하는 것과 서로에게 속하는 것, 그리스도를 바라보는 것과 그분 안에서 서로를 바라보는 것을 더 이상 분리할 수 없습니다.

23
사랑의 신비

마음의 고독(solitude of heart)이 없으면 다른 사람과의 관계가 쉽사리 빈곤해지고 욕심을 내어 무엇인가를 바라게 됩니다. 집착하고 매달리게 되며, 의존적이고 감상적인 상태가 됩니다. 상대방을 이용하려 하고 상대방에게 지나치게 의존하게 됩니다. 왜냐하면 마음의 고독이 없이 우리는 다른 사람을 자신과는 다른 존재라는 경험을 할 수 없고, 우리의 숨은 욕구를 충족시키기 위한 수단으로만 보기 때문입니다.

사랑의 신비는, 다른 이가 홀로 있는 것을 지켜 주고 존중하며, 그에게 자유로운 공간을 만들어 주어서 그가 자신의 외로움을 다른 사람과 함께 나눌 수 있는 고독으로 바꿀 수 있게 해 줍니다. 우리는 이런 고독 속에서 서로를 존중함으로써 서로를 강건하게 해 줄 수 있습니다. 또 각자의 개성을 세심하게 고려함으로써, 각자의 개인적 영역을 위한 거리를 지켜 줌으로써, 인간 마음의 신성함을 겸허하게 이해함으로써 서로를 강건하게 세워 줄 수 있습니다. 우리는 이런 고독 속에서, 서로를 격려하여 내면적 존재의 침묵 속으로 들어가 그곳에서 인간의 친교가 지닌 한계를 넘어서는 새로운 연합으로 우리를 부르시는 음성을 발견합니다. 우리는 이런 고독 속에서, 친구들과 사랑하는 이들을 품으시고 또 우리를 먼저 사랑하심으로써 우리에게 서로를 사랑할 자유를 주시는 그분의 임재를 서서히 의식하게 될 것입니다(참고. 요일 4:19).

24
현재의 기쁨에 대한 기억

사랑하며 격려해 주는 공동체 안에 있을 때는 대강절과 성탄절이 기쁘게 느껴집니다. 그러나 나는 외로웠던 순간들을 잊고 싶지 않습니다. 외로움은 되살아나기가 너무 쉽기 때문입니다. 기쁨 가운데서 외로움을 기억할 수 있다면 나중에 외로움 가운데서도 기쁨을 기억할 수 있을 것입니다. 그러면 나는 더 강인해져서 그것과 대면하고, 다른 사람도 그렇게 하도록 도울 수 있을 것입니다. 1970년에 나는 너무나 외로워 아무 것도 나누어 줄 수 없었습니다. 그러나 지금은 기쁨이 넘쳐서 무엇이든 쉽게 나누어 줄 수 있습니다. 외로움이 내 마음을 갉아먹고 있을 때에도 현재의 기쁨에 대한 기억이 내게 힘을 주어서, 나누어 주는 일을 계속할 수 있는 날이 오기를 나는 소망합니다. 예수님은 가장 외로운 순간에 가장 많은 것을 주셨습니다. 이것을 깨달을 때 섬김을 향한 나의 헌신이 깊어집니다. 또한 나누고자 하는 나의 바람도 현재의 기쁨의 체험에 좌우되지 않을 수 있습니다. 이것은 그리스도 안에서의 삶이 깊어질 때 비로소 가능해질 것입니다.

25
나머지 절반의 이야기에 대해

볼리비아에서는 대강절의 상징이 전에 내가 알았던 사실과 달랐습니다. 예전에 나는 대강절은 항상 낮이 짧아지고 겨울이 가까운 시기, 빛의 날이 오기 전까지 날씨가 추워지고 어두워지는 시기라고 여겼습니다. 그러나 여기서는 봄이 여름이 되고, 빛의 양이 날마다 증가하는 시기에 주님의 오심을 기다리는 법을 배워야 합니다. 이곳에서 대강절은 풍요로운 소낙비와 함께 더운 날들이 다가옴을 의미합니다. 대강절은 학교들이 문을 닫고 아이들이 거리에서 노는 시기입니다. 나무들에 꽃이 피고 첫 열매가 맺히는 시기입니다. 또 부활절의 상징이 성탄절의 상징이 됩니다. 아마도 남반구에서 처음 맞이하는 대강절은 내게 하나님이 우리 가운데서 육체가 되신 신비에 대해 새로운 것을 보여 줄 것입니다. 지금까지 자연은 내게 하나님의 성육신에 대해 절반밖에 이야기해 주지 않았습니다. 이제 그 나머지 절반의 이야기를 들려줄 것입니다.

그러나 나는 조용히 인내하며 내면의 희망을 가지고 귀를 기울여야 합니다. 자연은 내가 들을 준비가 되었을 때에만, 나머지 절반의 이야기를 들려줄 것입니다. 내 마음이 거짓된 이미지들을 버리고 내가 아직 듣지 못한 복음을 받아들일 자리가 없다는 쓸데없는 선입견을 없앨 때에만, 그 이야기를 들려줄 것입니다.

26
두려움을 기도로 바꾸어 주소서

오, 주님. 저는 오늘 강한 두려움을 느꼈습니다. 제 전 존재가 두려움으로 휩싸인 것 같았습니다. 평안과 안식은 없고 분명한 두려움만 있었습니다. 그것은 정신적 붕괴에 대한 두려움, 삶을 그르치는 것에 대한 두려움, 거부와 비난에 대한 두려움, 당신에 대한 두려움이었습니다. 오, 주님. 두려움을 이기기가 왜 이렇게 힘이 듭니까? 당신의 사랑으로 저의 두려움을 내쫓기가 왜 이렇게 힘이 듭니까? 잠시 제 손을 써서 일할 때에만 그 강렬한 두려움이 줄어드는 것 같았습니다.

이 두려움을 극복할 만한 힘이 제게는 없습니다. 당신은 제게 세계 전역에서 두려워하고 있는 사람들과의 어떤 유대를 체험하라고 하시는 듯합니다. 이 혹독한 겨울에 추위와 배고픔을 겪고 있는 사람들, 갑작스러운 게릴라의 공격으로 위협을 받고 있는 사람들, 감옥과 정신병원, 다른 각종 병원에 격리된 사람들과 말입니다. 오, 주님. 이 세상은 두려움으로 가득 차 있습니다. 저의 두려움을, 두려워하고 있는 사람들을 위한 기도로 바꾸어 주십시오. 그 기도가 다른 사람들의 마음을 격려하게 하소서. 그래야 저의 어둠이 다른 사람들을 위한 치유의 근원이 될 수 있을 것입니다.

오, 주님. 당신도 두려움을 아십니다.…오, 주님. 저의 두려움이 당신의 두려움에 속하게 하사, 그것이 저를 어둠이 아닌 빛으로 이끌도록 해 주소서.

27
당신은 환영받고 있습니다

환영받지 못한다는 것은 가장 두려운 일일 것입니다. 이것은 태어나면서부터 생긴 두려움 곧 이생에서 환영받지 못할 것 같은 두려움과, 죽음에 대한 두려움 곧 내세에서 환영받지 못할 것 같은 두려움과 관련이 있습니다. 이것은 차라리 이 세상에 태어나지 않았더라면 좋았을 것이라고 생각하게 하는 고질적인 두려움입니다.

여기서 우리는 영적 전투의 핵심에 직면합니다. 우리는 세상에서 환영받지 못하고 있다고 말하는 어둠의 권세에 굴복해야 할까요? 아니면 우리를 정죄하기 위해서가 아니라 두려움에서 자유롭게 해 주기 위해서 오신 그분의 음성을 신뢰해야 할까요? 우리는 삶을 위해 선택을 해야 합니다. 우리는 매 순간 "나는 너를 사랑한다. 내가 너의 모태에서 너를 조직했다"(참고. 시 139:13)고 말씀하시는 음성을 신뢰하기로 결단해야 합니다.

예수님이 우리에게 하신 모든 말씀은 "네가 환영받고 있음을 알라"는 말씀으로 요약할 수 있습니다. 예수님은 그분이 아버지 하나님과 나누신 친밀한 삶을 우리에게 제안하십니다.

28
'어디서' '무엇을'이 아니라 '어떻게'

오늘 나는, 어디서 무엇을 하며 살 것인가 하는 문제는 어떻게 내 마음의 눈을 주님께 고정시키느냐 하는 문제와 비교할 때, 실로 하찮은 것임을 깨달았습니다. 나는 예일 대학교에서 교편을 잡을 수도 있고, 제네시 수도원의 빵 공장에서 일할 수도 있고, 페루의 가난한 아이들과 함께 지낼 수도 있지만, 이 모든 상황에서도 아주 쓸모없다고 느끼고 비참해지거나 우울해질 수 있습니다. 그런 일이 실제로 있었기 때문에 확신할 수 있습니다. 올바른 장소나 올바른 직업 같은 것은 따로 있지 않습니다. 나는 이 모든 상황에서 행복할 수도 있고 불행할 수도 있습니다. 실제로 내가 그랬기 때문에 확신할 수 있습니다. 가난할 때는 물론 풍요로울 때도, 명성을 얻을 때나 아무도 몰라줄 때도, 성공할 때나 실패할 때도, 마음이 어지러울 수도 있고 즐거울 수도 있습니다. 그 차이는 결코 상황 자체가 아니라 내 생각과 마음의 상태에서 비롯합니다. 내가 주님과 동행하고 있음을 알 때는 항상 행복하고 평안합니다. 그러나 불평과 정서적 욕구들에 휘말려 있을 때는 항상 불안하고 마음이 엇갈립니다.

이것이 미래에 대한 결정을 내려야 할 때 내게 떠오르는 단순한 진리입니다. 5년, 10년, 20년 동안 리마(페루의 수도로 헨리 나우웬이 가난한 이들을 섬긴 곳—편집자) 같은 곳에 가 있겠다는 것이 훌륭한 결정이 아닙니다. 온전히, 무조건적으로, 두려움 없이 주께로 향하겠다는 그것이 훌륭한 결정입니다.

29
어머니의 죽음에서

그렇다면, 이 고통은 무엇입니까? 하나님에 대한 두려움입니까, 아니면 형벌에 대한 두려움입니까, 혹은 하나님의 강렬한 임재에 대한 두려움입니까? 나는 잘 모르겠습니다. 그러나 내가 본 것에 대한 어떤 느낌이라도 내게 있다면, 그것은 더 심원한 것이었습니다. 그것은 하나님과 우리 사이를 갈라놓는 거대한 심연에 대한 두려움이었습니다. 그 간격은 믿음의 다리로만 건너갈 수 있습니다. 우리에게 소중한 모든 것이 사라지고…붙잡을 만한 것은 실오라기 하나도 남아 있지 않을 때, 시험이 찾아옵니다. 이때가 바로 사랑의 주님께 복종하는 믿음이 필요한 때입니다. 그분이 우리를 끔찍하고 끝없는 협곡으로 떨어뜨리지 않으시고, 우리를 위해 예비해 두신 안전한 집으로 데려가실 것임을 믿어야 할 때입니다. 어머니는 자신의 연약함과 단점을 알고 계셨습니다. 깊은 기도로 사신 어머니의 긴 인생은 하나님의 위대하심뿐 아니라 어머니의 연약함을 보여 주었습니다. 또한 하나님의 자애로우심뿐 아니라 어머니의 두려움을, 하나님의 은혜뿐 아니라 어머니의 죄성을 보여 주었습니다. 어머니는 일생에 걸쳐 하나님과 대화를 나누셨고 바로 그 점이 어머니의 죽음을 그토록 고통스러운 사건으로 만드는 것 같았습니다. 죽음의 순간에는 모든 것이 믿음이 됩니다. 우리의 온 몸과 마음을 아시고, 우리의 죄에도 불구하고 우리를 사랑하시는 하나님을 믿는 믿음은, 이 세상과 저 세상을 이어 주는 좁은 문입니다.

30
어머니를 위한 가족들의 기도

우리가 어머니의 침대 주위에 모였을 때, 우리는 편하고, 자유로우며, 자발적이고, 자연스럽게 기도할 수 있었습니다. 우리는 그 기도를 통해 서로에게 할 수 있는 어떤 말보다도 더 강한 힘과 의미가 있는 말을 할 수 있었습니다. 그로 인해 우리에게는 하나가 되었다는 의식이 생겼습니다. 그 의식은 어머니의 병의 본질이나 어머니가 회복될 가망이 있는지를 생각할 때는 생길 수 없는 것이었습니다. 다만 기도를 하면서 우리는 함께하고 있음을 의식할 수 있었습니다. 우리는 그것을 만들지 않았습니다. 다만 그것은 주어졌습니다. 그 기도는 우리가 함께 쉴 수 있는 공간을 창조해 냈습니다.

그중에는 어릴 때 어머니가 가르쳐 주셨다가 오랜 세월이 지나 다시 생각난 기도도 있었습니다. 어떤 기도는 전에 한번도 해 본 적이 없었고, 또 어떤 기도는 고통과 고뇌 가운데 있는 사람들이 수 세기 동안 반복해 온 기도였습니다.

우리가 함께 드린 기도들은, 우리가 두려움이나 염려 없이 함께할 수 있는 공간이 되었습니다. 그것은, 부적당한 표현이나 스스로 생각하기에 좋은 표현들을 찾으려 하지 않고도 서로 소통하며 쉴 수 있는 안전한 집이 되어 주었습니다. 시편들, 주기도문, 사도신경…그리고 다른 많은 기도가 이 새 집의 벽이 되었습니다. 그리고 우리가 자유롭게 (고독한 싸움 가운데서 우리의 기도를 필요로 하시는) 어머니와 서로에게 더 가까이 다가갈 수 있도록 해 주는 안전한 뼈대가 되었습니다.

31
소망의 징표

사역자의 주된 임무는 사람들이 잘못된 이유로 고통받지 않도록 하는 것입니다. 그릇된 가정에 기초해 살기 때문에 고통받는 이들이 많습니다. 자신에게 두려움이나 외로움, 혼란이나 회의가 전혀 없어야 한다는 생각, 이것이 바로 그릇된 가정입니다. 이런 고통들은 우리 인간의 상황에 필수적인 상처들로 이해될 때에만 창조적으로 다루어질 수 있습니다. 그러므로 사역이란 인간의 상태를 직시하는 섬김이라 할 수 있습니다. 사역자는 사람들이 불멸과 완전성에 대한 환상을 가지고 살아가도록 하지 않습니다. 인간은 죽을 수밖에 없는 존재이자 깨어진 존재이며, 이러한 상태를 인식하는 것에서부터 해방이 시작된다는 사실을 계속해서 상기시키는 것이 바로 사역입니다.

사람을 구원할 수 있는 사역자는 아무도 없습니다. 그는 두려움에 떨고 있는 사람들에게 안내자가 될 수 있을 뿐입니다. 그러나 역설적으로, 이러한 안내를 통해 소망의 징표가 처음으로 가시화됩니다. 고통을 회피할 필요가 없고 함께 생명을 추구하는 데 그 고통이 사용될 수 있다는 것을 인식할 때, 고통은 절망의 표현에서 소망의 징표로 바뀝니다.

32
형의 불평

연민을 자아내려는 기대 혹은 만족감을 얻으려는 기대를 품고 불평을 하면, 항상 나의 의도와 전혀 다른 결과가 발생합니다. 불평하는 사람과는 함께 살기가 어렵습니다. 자아를 거부하는 사람의 불평에 대응하는 법을 아는 사람은 거의 없습니다.

언젠가 지독한 외로움을 견디지 못하고 친구에게 함께 외출을 하자고 한 적이 있습니다. 그 친구는 시간이 없다고 대답했습니다. 그러나 잠시 후 파티가 열리고 있는 다른 친구의 집에서 그를 발견했습니다. 그는 나를 보고 말했습니다. "환영하네, 이리 오게. 반갑네." 그러나 나는 그가 파티에 대해 말하지 않은 사실에 너무나 화가 나서 거기 있을 수가 없었습니다. 용납받지 못하고, 총애받지 못하고, 사랑받지 못한다는 것에 대한 불평들이 속에서 끓어올라 나는 문을 쾅 닫고 방을 나왔습니다. 나는 완전히 무력해졌습니다. 거기 있었던 기쁨을 받아들일 수도, 그 기쁨에 동참할 수도 없었습니다. 그 방에 존재하던 기쁨이 순식간에 분노의 원천이 된 것입니다.

기쁨의 세계로 들어가지 못한 이 경험은 분개한 심령이 경험하는 것입니다. [탕자의 비유에 나오는] 큰아들은 집에 들어가 아버지의 기쁨에 공감할 수 없었습니다. 그의 내적 불평이 그를 마비시켰고, 흑암이 그를 삼켜 버렸습니다.

33
주고, 살고, 죽는 자유

나는 차에 치여 거의 다 죽게 되어 병원에 실려 갔습니다. 그곳에서 문득 새로운 통찰을 얻었습니다. 내 아버지이신 그분으로부터 사랑받고 있지 못하다는 불평을 하는 한 나는 자유롭게 죽을 수 없다는 사실이었습니다. 나는 아직 완전히 성숙하지 못했음을 깨달았습니다. 나는 사춘기 적 불평들을 내려놓고 내가 동생에 비해 사랑을 덜 받고 있다는 거짓말을 받아들이지 말라는 강한 부르심을 느꼈습니다. 그것은 두려운 일이었지만 나를 아주 자유롭게 해 주는 것이었습니다. 오래전 아버지가 나를 만나러 네덜란드에서 건너오셨을 때, 내가 아버지의 아들됨에 대해 주장할 수 있는 기회를 하나님이 내게 주셨음을 알았습니다. 나는 일생 처음으로 아버지께 분명히 말했습니다. 아버지를 사랑한다고, 내게 주신 아버지의 사랑에 감사한다고…. 지금 돌아볼 때 이 영적 사건은 진정한 회귀의 순간이었습니다. 내가 원하는 전부는 줄 수 없는 육신의 아버지에게 의존하는 그릇된 모습에서, "너는 항상 나와 함께 있다. 내 것이 다 너의 것이다"라고 말씀하시는 하늘 아버지에 대한 진정한 의존으로 돌아서는 순간이었습니다. 그것은 또한 불평하고 비교하고 분노하는 자아의 모습에서 자유롭게 사랑을 주고받는 진정한 자아의 모습으로 돌아서는 순간이었습니다.

34
탕자처럼 삶을 선택하라

유다는 예수님을 배반했습니다. 베드로는 예수님을 부인했습니다. 둘 다 길을 잃은 아이였습니다. 유다는 더 이상 자신이 하나님의 자녀라는 진리를 붙잡을 수 없어서 스스로 목을 매달았습니다. 탕자의 경우에 빗대면 그는 아들됨이라는 검을 팔았습니다. 그러나 베드로는 절망의 한가운데서도 그것을 주장했고, 눈물을 흘리며 돌아왔습니다. 유다는 죽음을 선택했지만, 베드로는 삶을 선택했습니다. 내 앞에도 항상 이런 선택을 해야 하는 순간들이 있음을 깨닫습니다. 나는 계속 길을 잃고 헤매려는 유혹에 빠집니다.…수없이 많은 사건과 상황 가운데서 나는 항상 나 자신과 다른 사람들에게 다음과 같이 확신시키려 합니다. 내 인생은 가치가 없다고, 나는 누군가의 짐이요 문젯거리요 갈등의 원인이요, 다른 사람들의 시간과 에너지를 빼앗기만 한다고 말입니다. 많은 사람이 이런 어두운 자아상을 지니고 살아갑니다. 탕자와는 대조적으로 그들은 너무나 완벽하게 자신을 어둠에 내어놓아서 돌이켜 돌아갈 빛조차 남아 있지 않습니다. 그들이 육체적으로 자살한 것은 아니지만 영적으로는 더 이상 살아 있는 것이 아닙니다. 그들은 자신이 원래 선한 존재였다는 믿음을 버렸고, 그로 말미암아 그들에게 인간성을 주신 아버지에 대한 믿음 또한 버렸습니다.

그러나 하나님은 남자와 여자를 자신의 형상으로 창조하시고 "보기에 심히 좋다"고 하셨습니다. 그러므로 그러한 어두운 목소리에도 불구하고, 어느 누구도 그 사실을 바꿀 수는 없습니다.

35
마리아의 부름

나는 사제로 살아가면서, 마리아 없이는 예수님의 긍휼하신 사랑의 신비에 온전히 들어갈 수 없다는 사실을 발견해 가고 있습니다. 왜 그런지 설명하기는 쉽지 않습니다. 그러나 이제 돌이켜 보니, 내가 예수님께 말하기보다는 예수님에 대해 더 많은 말을 한다는 사실을 알았습니다. 나는 이제 그 무엇보다도 예수님이 성부, 성자, 성령 하나님과 교제하는 신비로운 삶으로 들어가는 문이기보다는, 도덕적인 삶에 대한 논쟁이 되어 가고 있음을 봅니다. 마리아는 내가 가장 가고 싶어 하는 곳으로 나를 부릅니다. 우리가 알다시피 세상의 심장이기도 한 하나님의 심장이 바로 그곳입니다. 그녀는 예수님의 수난이 나의 수난이 되고, 그분의 영광이 나의 영광이 되도록 나를 부릅니다. 그녀는 무엇은 하고 무엇은 하지 말아야 한다는 도덕적으로 옳은 삶을 넘어 하나님과의 사귐으로 나아가라고 나를 부릅니다. 그곳은 영화롭게 되신 주님의 즐거움과 기쁨과 평안을 이미 맛보며 이 세상의 슬픔, 고통, 분노 가운데서 살아갈 수 있는 곳입니다.

마리아는 나만 그런 삶으로 부른 것이 아닙니다. 그녀는 **우리 모두**를 그 동일한 삶으로 초대하고 있습니다. 그래서 나는 여러분에게 마리아에게 가서 이 괴로운 세상에서 그녀의 아들의 평강을 전하는 자로서 살아가는 법을 배우라고 절박하게 요청하는 것입니다.

36
마음이 단순해질수록 분명히 볼 수 있다

부활하신 예수님은 어떤 장소나 사람의 제한을 받지 않으십니다. 그분은 완전히 자유로우십니다. 그분에게는 단순함과 자유, 그리고 순수함이 함께 있습니다. 나는 평안과 기쁨을 위해 루르드(Lourdes, 프랑스의 성모 발현 성지-편집자)에 있을 필요가 없습니다. 루르드는 순수함, 단순함, 자유란 마음속에 있으며 그러므로 어디에서든 그렇게 살 수 있다고 상기시켜 줍니다.

마리아는 부활하신 예수님을 만났지만, 막달라 마리아나 요한, 베드로, 엠마오로 가던 제자들처럼 예수님을 만난 것은 아닙니다. 그녀는 어떤 것에 대해서도 확실히 할 필요가 없었습니다. 그녀의 마음은 너무나 단순하고 순수하고 자유로워서 부활하신 성자와의 만남은 완전히 내밀한 것이 될 수 있었습니다. 진정으로 예수님을 아는 마음은 환상을 필요로 하지 않습니다. 예수님과 마리아는 슬픔과 기쁨 가운데 항상 함께 있었습니다. 나는 이제 압니다. 내가 어디에 있든 내 마음이 순수하고 단순해질수록 더 분명히 보게 되리라는 것을.

37
기다림의 비결

기다림의 비결은 씨앗이 땅에 심기었다는 믿음, 무언가 시작되었다는 믿음을 가지는 것입니다. 능동적인 기다림이란, 우리가 있는 곳에서 무슨 일인가 일어나고 있으며 우리가 그곳에 있기를 원한다는 확신을 가지고 그 순간까지 온전히 그곳에 거하는 것을 의미합니다. 기다리는 사람은 이 순간이 바로 그 순간임을 믿으면서 그 순간까지 그곳에 거하는 사람입니다.

기다리는 사람은 인내하는 사람입니다. '인내'라는 단어는, 우리에게 나타날 어떤 것이 숨겨져 있다는 믿음으로 그 상황 가운데 기꺼이 살며, 그곳에 기꺼이 머무르고자 함을 의미합니다.

38
현재에 머무르는 것

축하한다는 것은 먼저 우리의 현재 상태를 인정하는 것입니다. 우리는 의식적으로 "우리가 존재한다. 우리가 여기 있다. 우리가 지금 존재한다"는 말을 합니다. 우리는 현재에 거할 때에만 진정으로 축하할 수 있습니다. 분명한 사실은 우리는 현재를 살아가는 능력을 상당 부분 잃어버렸다는 점입니다. 많은 경우, 축하라고 하는 것을 보면 기껏해야 귀찮은 준비와 지루한 뒷얘기 사이의 괴로운 순간에 지나지 않습니다. 우리는 현재 축하할 대상이 있을 때만 축하할 수 있습니다. 지금 여기에 새로 태어나는 것이 없을 때는 성탄절을 축하할 수 없으며, 새로운 생명이 눈에 보이지 않으면 부활절을 축하할 수 없습니다. 또한 축하할 성령이 없으면 오순절을 축하할 수 없습니다. 축하란 어떤 것이 존재한다는 인식이며, 우리가 그 모든 것을 긍정할 수 있도록 그것이 눈에 보여야 함을 인정하는 것입니다.

39
인생의 신비

인생의 신비란 삶의 행위 가운데서만, 또 삶의 행위를 통해서만 우리는 인생의 주님을 알 수 있다는 것입니다. 일상생활에 구체적이고 세밀하게 관여하지 않는다면 우리를 자신의 손으로 붙잡고 계신 그분의 사랑스러운 임재를 알 수 없습니다. 우리의 제한된 사랑의 행위는 그분의 사랑을 보여 줍니다. 다른 사람을 돌보는 우리의 작은 몸짓은 그분의 한없는 돌보심을 보여 줍니다. 두려워하며 주저하는 우리의 말들은 두려움 없이 인도하시는 말씀을 보여 줍니다. 진정 우리의 깨어지고 연약하고 죽을 수밖에 없는 존재를 통해서 영원하신 하나님의 치유의 능력이 우리 눈에 보이게 됩니다. 그러므로 우리는 매일 우리 주님께 삶 전체를 내려놓아야 합니다. 우리의 슬픔뿐 아니라 기쁨도, 우리의 실패뿐 아니라 성공도, 우리의 두려움뿐 아니라 소망도. 우리는 우리의 제한된 수단과 더듬거리는 말과 불완전한 표현들로 그렇게 하도록 부름받았습니다. 이런 식으로 우리는 우리 가운데 거하시는 성령의 끊임없는 기도를 지성과 마음으로 알게 될 것입니다. 우리의 수많은 기도는 사실 우리는 기도할 능력이 없다는 고백입니다. 그러나 그 고백들이 우리로 하여금 하나님의 자비로운 임재를 깨닫게 해 줍니다.

40
결혼, 새로운 실체

두 사람이 삶을 함께하기로 헌신하면, 새로운 실체가 탄생합니다. 예수님은 "그 둘이 한 몸이 될지니라"고 말씀하십니다. 그것은 그들의 연합이 새로운 신성한 장소를 창조한다는 의미입니다. 많은 관계는 서로 맞물린 손가락들과 같습니다. 두 사람은 두려움으로 서로 맞잡은 손처럼 서로에게 매달립니다. 그들이 서로 연결된 것은 혼자서는 생존할 수 없기 때문입니다. 그러나 서로 맞물려 있을 때도, 그들은 서로의 외로움을 없앨 수 없다는 사실을 깨닫습니다. 그때 분열이 야기되며 긴장이 고조됩니다. 그리고 종종 이별로 끝납니다.

그러나 하나님은 그와는 다른 관계를 의도하셨습니다. 그것은 기도할 때 함께 맞붙어 포갠 두 손과 같은 관계입니다. 손가락 끝은 서로 붙어 있으나, 그 손들은 작은 텐트와 같은 공간을 만들 수 있습니다. 그 공간은 두려움이 아니라 사랑으로 만들어진 공간입니다.

41
성찬례의 의미를 가르쳐 주는 자연

날마다 점심을 먹기 위해 무미건조한 식당의 똑같은 자리에 앉아 있던 때가 기억납니다. 식탁 중앙의 작은 꽃병에는 늘 아름다운 붉은 장미가 꽂혀 있었습니다. 나는 호감을 가지고 장미를 바라보며 꽃의 아름다움을 즐겼습니다. 나는 매일 장미와 대화를 나누었습니다. 그러나 어느 때부터인가 나는 의심했습니다. 그 주 동안 나는 즐겁다가 슬프고, 실망했다가 곧 화를 내며, 활력이 넘치다가 냉담해지는 등 기분이 변하는데, 장미는 항상 그 모습이 똑같았습니다. 나는 장미를 만져 보았습니다. 그것은 조화였습니다. 나는 아주 깊은 상처를 받았고 다시는 그곳에 가지 않았습니다.

우리는 인공적인 자연과는 대화를 할 수 없습니다. 그것은 삶과 죽음에 대한 진짜 이야기를 해 줄 수 없기 때문입니다. 그러나 자연의 목소리에 민감하면, 인간과 자연 둘 다를 포함하고 있는 그 세계의 소리를 들을 수 있을 것입니다. 온 자연이 자연 자체를 넘어선 한 실재를 가리키는 상징(sacrament)임을 깨달을 때, 비로소 우리는 빵과 포도주로 하는 성찬례의 상징적 의미를 온전히 이해할 수 있을 것입니다.

42
기쁨으로 놀람

우리 앞에는 고난이 있습니다. 우리가 잘못된 길을 택했다는 생각이나 다른 이들이 우리보다 더 총명하다는 생각을 하게 만드는 유혹에 우리를 끊임없이 빠뜨릴 거대한 고난입니다. 그러나 고통 때문에 놀라지는 마십시오. 기쁨 때문에 놀라십시오. 황량한 사막 한가운데서 아름다움을 보여 주는 작은 꽃을 놀라워하십시오. 고통의 심연에서 신선한 물이 샘솟게 하는 거대한 치유의 능력을 놀라워하십시오.

우리가 가난한 이들에게 초점을 맞추는 눈과, 우리에게 필요한 것은 모두 얻을 수 있다고 신뢰하는 마음과, 항상 기쁨 때문에 놀라는 영혼을 지녔다면, 우리는 진정으로 능력 있는 자가 될 것이고, 기적을 행하면서 이 어둠의 골짜기를 걸어갈 것입니다. 어디를 가든, 누구를 만나든 우리 안에서 흘러나오는 것이 바로 하나님의 능력일 것이기 때문입니다.

43
우리 마음의 주

우리 마음이 세상의 쓰레기통이 되기를 진정 원합니까? 우리가 좋다고 생각하건 아니건, 우리를 혼란시키고 흥분시키고 침체시키고 자극하고 반박하고 유혹하는 것들로 우리 마음이 가득 채워지기를 원합니까? 다른 사람이 우리 마음에 무엇이 들어올지 결정하고, 우리의 생각과 감정을 결정하기를 원합니까?

분명히 그렇지 않습니다. 그러나 세상이 아닌 하나님을 우리 마음의 주인으로 모시려면 참된 훈련이 필요합니다. 그렇게 되려면 우리는 비둘기처럼 온유할 뿐 아니라 뱀처럼 지혜로워야 합니다. 그러므로 영적 독서는 매우 유익한 훈련입니다. 우리의 마음을 살찌우고 우리를 하나님께 더욱 가까이 다가가도록 도와주는 책을 읽고 있습니까?…하루에 15분가량만 그런 책을 읽어도, 우리는 곧 우리의 마음이 쓰레기통의 모습에서 벗어나 더 선한 생각들로 가득한 꽃병으로 변해 가는 모습을 발견할 것입니다.

44
우상숭배의 죄를 고백하라

이렇게 우리가 하는 대부분의 생각에서 하나님을 제외시키다 보면 우상숭배의 길로 빠집니다. 그것은 우리가 의식적으로는 결코 가고 싶어 하지 않을 길입니다. 우상숭배란 거짓된 형상을 경배하는 것입니다. 그것은 우리가 환상, 염려, 기쁨을 혼자 지니고 그것을 주님이신 그분 앞에 내려놓지 않을 때 일어납니다. 우리는 이런 생각들을 나누기를 거부함으로써 그분의 주되심을 제한하는 선을 긋고, 하나님께 말씀드리고 싶어 하지 않는 정신적 우상들 앞에 작은 제단들을 세웁니다.

언젠가 정신과 의사를 찾아가 환상 세계를 제어하는 것이 어렵다고 불평한 것을 생생하게 기억합니다. 나는 그에게 말했습니다. 마음을 어지럽히는 형상들이 계속 나타나고 나 혼자서는 그것들을 물리치기가 힘들다고 말입니다. 그는 내 이야기를 듣고는 미소를 지으며 말했습니다. "음, 신부님. 이것이 우상숭배임을 아셔야 합니다. 당신의 하나님은 거짓된 형상을 경배해서는 안 된다고 말씀하시기 때문입니다." 그제서야 나는 말과 행동뿐 아니라 생각으로 지은 죄를 고백한다는 것이 무슨 의미인지 온전히 깨달았습니다. 그것은 가장 오래되고 가장 널리 퍼진 유혹인 우상숭배의 죄를 고백하는 것입니다.

45
유흥을 넘어

라디오나 텔레비전, 신문, 책, 영화는 물론, 힘든 일과 바쁜 사회생활은 모두 우리 자신에게서 도망가는 방편이 될 수 있고, 인생을 하나의 긴 유흥으로 바꾸어 버릴 수 있습니다.

이 **유흥**(entertainment)이라는 단어가 중요합니다. 이것은 문자적으로 '누군가를 그 사이에(*enter-*) 잡아 두다(라틴어 *tenere*에서 나온 *-tain*)'라는 의미입니다. 유흥이란 우리가 직면하기 힘든 것을 피해 우리 마음을 빼앗아 잡아 두는 모든 것을 말합니다. 유흥은 우리를 혼란스럽게 하거나, 흥분시키며, 때로는 불안하게 합니다. 그러나 때로는 유익합니다. 걱정과 두려움에서 벗어나 하루쯤 쉬게 해 주기도 합니다. 그러나 삶을 유흥으로 보기 시작하면, 우리는 영혼에 다가갈 수 없고 인생의 주인공이 아닌 구경꾼으로 전락하고 맙니다. 심지어 아주 유용하고 적절한 일도 진정한 자아를 잊게 할 수 있습니다. 많은 사람이 은퇴를 두려워하는 것은 놀라운 일이 아닙니다. 우리를 바쁘게 하는 일이 없을 때, 우리의 정체성은 도대체 무엇입니까?

침묵은 유흥을 넘어 우리 삶의 질적 측면에 다가가도록 해 주는 훈련입니다. 우리는 침묵을 통해 숨어 있던 슬픔과 기쁨을 드러내고 자신을 바라보며 이렇게 말할 수 있습니다. "두려워하지 마. 너는 인생이라는 여정에서 기쁜 일도 힘든 일도 겪겠지만 자유에 이르는 길을 발견할 수 있을 거야."

46
삶을 축하하라

생일은 기념할 필요가 있습니다. 나는 시험 합격이나 진급 또는 승리를 축하하는 것보다 생일을 축하하는 것이 더 중요하다고 생각합니다. 생일을 축하한다는 말은 "당신이 존재함으로 감사합니다"라는 의미를 포함하고 있기 때문입니다. 생일을 축하하는 것은 생명을 존귀하게 여기고 그것을 기뻐하는 것입니다. 우리는 생일에 "무엇무엇을 해 주어서, 어떤 말을 해 주어서, 혹은 무언가를 이루어 주어서 감사합니다"라고 말하지 않습니다. 오히려 우리는 "태어나서 우리와 함께 있음에 감사합니다"라고 말합니다.

생일에 우리는 현재를 축하합니다. 우리는 과거에 일어난 일을 불평하거나 미래에 일어날 일을 숙고하지 않습니다. 오히려 우리는 누군가를 격려하고 "당신을 사랑합니다"라고 말합니다.

47
식탁 대화

예수님은 죽음을 앞둔 저녁에 제자들과 함께 식탁에 모였을 때, 친밀함과 거리감 둘 다를 보여 주셨습니다. 그분은 우정의 표시로 빵과 잔을 함께 나누셨으나, 또한 "보라, 나를 파는 자의 손이 나와 함께 상 위에 있도다"라고 말씀하셨습니다.

어린 시절을 회상할 때면 나는 우리 가족과 함께한 식사, 특히 축제 때의 식탁이 가장 자주 떠오릅니다. 성탄절 장식, 생일 케이크, 부활절 촛불, 웃음 짓는 얼굴들…. 그러나 화가 나서 내뱉은 말, 휙 나가 버린 일, 훌쩍이며 흘리던 눈물, 어쩔 줄 몰라 하던 표정, 끝이 없을 듯한 침묵도 기억납니다.

함께 자거나 함께 먹을 때야말로 가장 상처 입기 쉽습니다. 침상과 식탁은 친밀함을 위한 장소입니다. 그러나 또한 가장 큰 고통의 장소이기도 합니다. 이 두 장소 중에서도 식탁이 더 중요한데, 그 이유는 식탁은 가족 모두가 모이는 곳이요, 가정 공동체의 우애와 환대, 참된 관대함이 표현되고 실현될 수 있는 곳이기 때문입니다.

48
두려운 사랑

두 사람이 진정으로 사랑하게 되면 그들은 자신의 깊은 자아와 마주하게 됩니다. 그것은 하나님 안에 있는 사랑입니다. 사랑하는 사람이 죽거나 떠나 버려서 느끼는 고통은 하나님의 사랑에 대해 더 깊이 알게 해 줍니다. 하나님의 사랑만이 우리가 필요로 하는 모든 것이며, 그 사랑은 상대에게 있는 하나님의 사랑을 보여 줍니다. 그래서 우리 가운데 거하시는 하나님이 상대방 가운데 거하시는 하나님에게 말씀하실 수 있습니다. 이것은 차원이 깊은 대화이며, 우리와 상대방 모두를 품으시는 하나님 마음의 상호성을 보여 줍니다.

그 사람이 죽거나 떠난다고 해서, 우리를 그 사람에게로 이끌어 준 하나님의 사랑이 끊겨져 버리거나 없어지지는 않습니다. 그것은 하나님의 한없는 사랑의 신비 속으로 새로운 발걸음을 내딛게 할 것입니다. 이 과정은 고통스럽습니다. 너무나 고통스럽습니다. 그 사람이 우리를 향한 하나님의 사랑을 진정으로 보여 주었기 때문입니다. 그러나 하나님이 사람을 통해 주신 위로에서 벗어날수록 우리는 하나님을 위해 하나님을 사랑하는 자가 될 것입니다. 이것은 두렵고 무섭기까지 한 사랑이지만, 영생을 주는 사랑입니다.

49
원수를 위한 기도

원수를 위해 기도하는 것보다 더 구체적인 사랑의 길은 없다고 생각합니다. 원수를 위해 기도하면 불변하는 한 가지 사실을 깨닫게 됩니다. 하나님이 보시기에 우리가 다른 누구와 비교해서 사랑받을 가치가 크거나 작지 않다는 점입니다. 바로 이 점에서 다른 모든 인간과의 깊은 유대감이 생깁니다. 이 유대감은 우리 안에 온 세상을 품을 수 있는 긍휼을 만들어 냅니다. 또한 우리 마음이 강요와 폭력의 강박적 충동에서 서서히 벗어나도록 해 줍니다. 또 한 가지 기쁜 사실은, 진심으로 기도해 준 사람에 대해서는 더 이상 분노를 품을 수 없다는 점입니다. 그와 직접 대화하든 다른 사람에게 그의 얘기를 하든 우리가 하는 말이 달라져 있음을 느낄 것입니다. 그리고 어떤 방식으로든 우리를 공격한 이들에게 정말 잘해 주고 싶은 마음이 들 것입니다.

50
분노의 짐

내 내면의 목소리는 나에게 이렇게 말합니다. 내 [분노의] 짐을 벗는 것은, 어부에게서 배를 빼앗는 것과 같다고 말입니다. 그것은 관리인에게서 열쇠를, 운전기사에게서 차를, 건축업자에게서 벽돌을 빼앗는 것과 같습니다. 분노가 없는 나는 누구겠습니까? 판단하거나 비난하는 자아가 없는 나는 누구겠습니까? 불평하지 않는 나, 거부감이 없는 나, 원수를 두지 않는 나는 누구겠습니까? 나는 내 짐이 없이는 살아남을 수 없는 희생자입니다. 내 짐은 진열장이요, 자질구레한 물건들이 든 가방이요, 마술 도구요, 신분증명서입니다.…

나는 땀에 흠뻑 젖은 채 침대에서 일어났습니다. 그리고 옷을 벗고 샤워기를 틀어 물이 내 몸으로 흘러내리게 했습니다. 나는 생각했습니다. "나는 60살 노인이야. 내게 남은 10년, 20년, 30년 동안 무엇을 할까? 내 과거의 짐의 포로가 되어 분노하는 인간으로 죽는다면 부활하기에는 너무 무거운 존재가 될 거야…."

나는 큰 수건으로 몸을 감싼 채 방으로 돌아왔습니다. 나는 선택해야 했습니다. 분노에 집착한 채 죽을지, 아니면 분노에 찬 판단이라는 무거운 짐을 벗고 내가 무의 존재로 사라지지 않는다는 것을 믿을지 말입니다. 그때 나는 마음 깊은 곳에서 나를 붙드시는 팔을 느꼈습니다.

51
분노를 다루는 법: 요한 에우데스 수도원장의 제안

첫째, 당신의 분노를 의식의 표면으로 끌어올려 주의 깊게 살펴보십시오. 분노를 거부하거나 억압하지 말고 그것이 당신을 가르치게 하십시오.

둘째, 분노의 감정이 너무나 사소하고 무의미해 보이는 문제들과 관련되어 있을 때라도 그 감정에 대해 말하는 것을 주저하지 마십시오. 사소한 문제들에 대한 분노를 처리하지 못한다면, 어떻게 진짜 위기의 순간에 그 분노를 처리할 수 있겠습니까?

셋째, 당신의 분노에는 타당한 이유가 있을 것입니다. 그것을 나(에우데스)에게 이야기하십시오. 어쩌면 내가 잘못된 결정을 했을 수도 있고, 마음을 바꾸어야 할 수도 있습니다. 만일 내가 당신의 분노가 비현실적이거나 균형을 잃었다고 느낀다면, 우리는 당신이 그토록 강하게 반응했던 문제에 대해 좀더 세밀하게 살펴볼 수 있을 것입니다.

넷째, 문제의 일부는 일반화에서 왔을지도 모릅니다. 어떤 결정, 생각, 사건에 대한 불만이 나나 공동체, 나라 전체 등에 대한 분노가 될 수 있습니다.

다섯째, 좀더 깊은 차원에서 볼 때, 당신은 이 분노가 자아의 팽창(ego inflation)과 얼마나 깊은 관련이 있는지 알게 될 것입니다. 분노는 종종 당신이 스스로를 어떻게 생각하는지, 자신의 생각과 통찰을 얼마나 중요시하는지 보여 줍니다. 하나님이 다시 중심이 되실 때, 모든 약점과 함께 당신의 전부를 그분 앞에 내려놓을 수 있을 때, 당신은 한걸음 물러나 분노가 빠져나가게 할 수 있을 것입니다.

52
고독한 장소로 돌아가기 위해

당신이 얻었다고 생각하는 전부를 갑자기 잃은 것 같을 때라도 절망하지 마십시오. 물론 바로 회복되지는 않을 것입니다. 당신은 실패와 후퇴를 겪어야 할 겁니다. 그러나 자신에게 "모든 것을 잃었어. 완전히 다시 시작해야 해"라고 말하지 마십시오. 이것은 사실이 아닙니다. 당신이 얻은 것들은 그대로 있습니다.

때로는 사소한 일들 때문에 잠시 좌절하기도 합니다. 피곤, 냉담한 듯한 대답, 당신에게 귀 기울여 주지 않는 사람, 무심코 잊어버리는 사람, 거절감이 느껴지는 것들, 이 모든 것이 한꺼번에 다가오면, 당신은 출발점으로 되돌아가야 할 것 같다고 느낍니다. 그러나 그 대신 잠시 길에서 벗어나 있다고 생각해 보십시오. 다시 길로 돌아갈 때는 당신이 처음 출발한 지점이 아니라 도중에 떠나온 곳으로 돌아가면 됩니다.

전진하지 못하고 있다고 느끼는 사소한 순간들에 머무르지 마십시오. 즉시 당신 안에 있는 집으로, 고독의 장소로 돌아가십시오. 그렇게 하지 않으면, 이러한 순간들이 서로 연결되어 당신을 길에서 멀리 끌어내기에 충분할 만큼 강력해질 것입니다. 겉으로는 무해해 보이는 이탈에 빠지지 않도록 계속해서 경계하십시오. 늪에 빠졌을 때보다는 길섶에 있을 때 돌아가기가 더 쉽습니다.

53
하나님의 은혜의 물

"퀴리에 엘레이손"(*Kyrie Eleison*) — 주님, 자비를 베푸소서 — 이라는 기도는 통회하는 마음에서 나와야 합니다. 굳은 마음과는 대조적으로, 통회하는 마음은 남을 탓하지 않고 세상의 죄성에 자신도 포함됨을 인정하며 그래서 하나님의 자비를 받을 준비가 된 그런 마음입니다.

어느 날 네덜란드 텔레비전에서 본 저녁 명상 프로그램이 생생하게 기억납니다. 인도자는 말라서 굳어 버린 흙에 물을 부으며 말했습니다. "보십시오. 흙이 물을 받아들일 수 없고 아무 씨앗도 자랄 수 없습니다." 그러고는 손으로 흙을 부순 다음 다시 물을 붓고 말했습니다. "부서진 흙만이 물을 받아들이고 씨앗을 자라게 하여 열매를 맺게 할 수 있습니다."

나는 이것을 보고 나서 통회하는 마음으로 성찬례를 한다는 것이 무슨 뜻인지 알았습니다. 하나님의 은혜의 물을 받아들이기 위해서는 부서져 열린 마음이 필요합니다.

그러나 감사절 축하를 부서진 마음으로 시작하는 것이 어떻게 가능할까요? 우리의 죄를 의식하고 세상의 악에 대한 우리의 공동 책임을 인정할 때 우리는 마비되고 말지 않을까요? 진정으로 죄를 고백하는 것이란 너무나도 힘 빠지는 일이 아닐까요? 그렇습니다! 은혜를 아는 지식이 없이는 어떠한 죄에도 직면할 수 없습니다. 새로운 삶을 발견하리라는 직관이 없이는 어떠한 상실에 대해서도 슬퍼할 수 없습니다.

54
우리가 어떻게 기억할 수 있을까요?

앙드레 말로(André Malraux)는 『반회상록』(*Anti-Memoirs*, 범조사)에서, 언젠가 우리는 우리가 성격으로 구별되듯이 기억 형태에 따라 서로 구별된다는 사실을 깨닫게 될 것이라고 말했습니다. 나는 내 기억이 어떻게 형성되는지 궁금합니다. 이것은 상당 부분 나 자신에게 의존하고 있는 것 같습니다. 나는 좋거나 나쁜, 창조적이거나 파괴적인 사건들에 대해서는 할 말이 별로 없지만, 그것들을 기억하는 방식—다시 말해서 내가 내 인생 이야기 속에서 그것들에 형태를 부여하는 방식—에 대해서는 할 말이 많습니다. 나는 이것이 매일의 삶에 얼마나 중요한지 깨닫기 시작했습니다. 나는 종종 자문합니다. "나는 이 날, 이 실망, 이 갈등, 이 오해, 이 성취감, 이 기쁨, 이 만족을 어떻게 기억할 것인가? 이것들은 계속되는 나의 자기 해석 과정에서 어떻게 기능할 것인가?"

55
우리를 방해하는 것들의 유익

내가 몇 년간 강의를 한 적이 있는 노터데임 대학을 방문했을 때, 나는 인생의 거의 대부분을 그 대학에서 보낸 경험 많은 한 노교수를 만났습니다. 함께 아름다운 교정을 거니는데, 그가 우수 띤 목소리로 말했습니다. "이보게.…평생 나는 내 일이 끊임없이 방해를 받는다고 불평하면서 살아왔네만 결국은 나를 방해한 그 일들이 바로 나의 일이었다는 사실을 알게 되었네."

만약 우리를 방해하는 것들이 사실은 우리에게 기회를 주는 것이라면, 그것들이 우리를 성숙하게 하고 존재의 충만함에 이르게 하는 내면의 반응을 하도록 우리에게 도전을 주는 것들이라면 어떻게 하겠습니까? 마치 조각가가 진흙으로 작품을 만들어 내듯 우리 삶의 역사 가운데 일어나는 사건들이 우리를 빚어 가고 있다면, 또 우리가 자신의 진정한 소명을 발견하고 성숙한 사람이 되는 것은 우리를 다듬는 이러한 손길에 잘 순종할 때에만 가능하다면 어떻게 하겠습니까? 우리를 방해하는 예기치 못한 사건들이 사실은 고리타분하고 시대에 뒤떨어진 생활 방식을 버리라고 촉구하는 것들이며 우리가 가 본 적이 없는 새로운 경험의 영역을 열어 주고 있다면 어떻게 하겠습니까? 끝으로, 역사라는 것은 우리가 통제할 수 없는 사건들이 아무런 목적도 없이 비인격적으로 이어져 만들어지는 것이 아니라, 우리의 모든 소망과 열망이 성취되는 어떤 인격적 만남을 가리키는 인도의 손길을 우리에게 보여 준다면 어떻게 하겠습니까?

56
왜 우리는 서로 모른 체하며 갑니까?

우리 안에 있는 아끼고 사랑하는 마음을 왜 그렇게도 깊이 감춥니까? 걸인에게 동전을 건네주며 왜 그의 얼굴을 똑바로 쳐다보지 못합니까? 식당에 가면 혼자 앉아 식사하는 사람과 자리를 같이하지 않고 왜 아는 사람만 찾으려고 합니까? 문을 두드리거나 전화를 걸어 그저 안부를 묻거나 서로를 잊지 않고 있다는 사실을 알리는 일을 왜 하지 않습니까? 따스한 미소와 위안의 말을 듣기가 왜 그처럼 어렵습니까? 선생님에게는 감사의 표시를, 학생에게는 칭찬을, 요리사, 청소부, 정원사에게는 고맙다는 인사를 하기가 왜 그렇게도 어렵습니까? 왜 우리는 더 중요한 사람을 만나거나 더 중요한 일을 하러 가기 위해서 서로를 모른 체하며 지나쳐야 합니까?

아마도 우리는 자신이 타인과 다르다는 점을 보여 주려는 생각에 몰두해 있어서, 자신을 겹겹이 감싸고 있는 껍질을 벗고 결함이 있는 사람끼리 서로 가까워지도록 마음을 열기가 어려운 것 같습니다. 어쩌면 자신의 의견, 생각, 신념 등이 내면에 꽉 차 있어 이웃에게 귀를 기울여 그들에게서 새로운 것을 배울 자리가 우리에게 남아 있지 않기 때문인지도 모릅니다.

57
사랑을 강탈하려는 유혹

외로움과 낮은 자존감을 해결할 능력이 인간에게 없다는 사실은 비극입니다. 인간은 서로의 가장 근본적인 곤경을 구제할 수 있는 능력이 없습니다. 서로의 가장 깊은 갈망을 채워 줄 수 있는 인간의 능력은 지극히 제한적이라서, 상대를 실망시킬 위험을 안고 있습니다. 그럼에도 때로 우리는 서로를 너무 강렬히 원해 서로의 한계를 보지 못한 채 사랑을 강탈하려는 유혹에 빠집니다. 피차 완전 무제한의 무조건적 사랑을 줄 수 없다는 사실을 이성적으로 알 때조차 말입니다. 이때부터 사랑은 폭력이 됩니다. 입맞춤은 물어뜯는 상처가 되고, 애무하는 손은 주먹다짐이 되고, 용서의 눈빛은 의심의 시선이 되고, 공감의 경청은 엿듣는 귀가 되며, 진심에서 우러난 복종은 폭행으로 변합니다. 사랑과 힘의 경계선이 자주 무너집니다. 불안이 팽배한 이 시대에, 사랑의 갈망이 폭력 행위로 치닫기까지는 그리 오래 걸리지 않습니다.

58
'연결 통로'가 되는 삶

우리의 중대한 사명은, 자신의 두려움 때문에 동료 인간들을 특정 범주에 속하는 사람으로 가두지 않고 그들을 인격으로 보아야 한다는 것입니다. '인격'(person)은 '페르 소나레'(*per-sonare*)에서 나온 말로 이는 '통하여 알리는'(sounding through) 것을 의미합니다. 우리는 우리의 지식을 넘어서는 더 위대한 실재를 서로에게 '통하여 알리는' 사람이어야 하고 또 점점 더 그러한 사람이 되어야 합니다. 이것이 우리의 부르심입니다. 인격으로서 우리는 우리의 이해를 넘어서는 더 위대한 사랑의 통로입니다. 우리가 설명할 수 있는 것보다 더 깊은 진리를 전하는 통로입니다. 우리가 담아낼 수 있는 것보다 더 풍요로운 아름다움을 전하는 통로입니다. 인격으로서 우리는 서로에게 투명하도록, 또 우리의 성품을 훨씬 넘어서 우리에게 사랑, 진리, 아름다움을 주신 그분을 가리키도록 부름받았습니다.

누군가 우리에게 "당신을 사랑합니다" 혹은 "당신에게 아주 깊이 감동받았습니다" 혹은 "정말 감사합니다"라고 말할 때, 우리는 쉽게 방어적인 태도를 취하며 나에게 무슨 특별한 것이 있는지 의아해합니다. 우리는 "나보다 훨씬 사랑스럽고 똑똑한 사람이 많잖아?" 하고 말하거나 생각합니다. 그러나 그때 우리는 우리 자신이 들을 수 있는 것보다 훨씬 위대하고 깊이 있는 것을 다른 사람에게 전해 주는 통로가 된 인격임을 잊고 있는 것입니다.

59
모든 사람을 위한 동산

긍휼(compassion)이란, 하나님이 우리에게 보여 주신 땅으로 함께 나아갈 수 있도록 우리의 공동 운명을 용기 있게 인정하는 것을 의미합니다. 또한 긍휼은 다른 사람의 기쁨을 나누는 것을 의미합니다. 이는 그 사람과 고통을 나누는 것만큼이나 어려운 일일 수 있습니다. 다른 사람이 완전한 행복을 누릴 기회를 주는 것과 그의 기쁨이 온전하게 꽃필 수 있도록 해 주는 것 말입니다. 우리가 할 수 있는 것은 기껏해야 어색한 미소를 보이거나, 조금 노력해서 "정말 좋은 일입니다"라거나 "당신이 그걸 해내는 걸 보니 정말 기쁩니다"라고 말하는 것입니다.

그러나 여기서 말하는 긍휼은, 노예처럼 매인 자들과 마음을 같이하여 그들과 똑같이 두려워하며 안도의 한숨을 쉬는 것 이상이며, 기쁨을 공유하는 것 이상입니다. 우리의 긍휼이 기도에서 나왔다면, 그것은 모든 민족의 하나님이시기도 한 하나님과 우리의 만남에서 나온 것이기 때문입니다. 하나님을 우리의 하나님이 되고자 하시는 분으로 인정하는 그 순간, 그리고 그분이 우리에게 다가오시도록 하는 그 순간, 우리는 곁에 있는 사람에게 새로운 길이 열림을 깨닫게 될 것입니다. 곁에 있는 사람 역시 두려워할 이유가 없으며 울타리 뒤에 숨어서는 안 됩니다. 그 역시 인간이 되기 위해 무기가 필요하지 않습니다. 그토록 오랫동안 버려져 있던 동산은 그에게도 중요한 것입니다.

60
홀로 죽는 것에 대한 두려움

우리는 홀로 죽을까 봐 깊은 두려움을 느낍니다. 태어나면서 느낀 두려움에 대한 숨겨진 기억들은 죽음도 똑같이 두려운 것이 아닐까 하고 의심하게 만듭니다. 그러나 우리는 현재의 존재에 매이지 않고 떠날 수 있는 내적 자유를 가질 수 있다고 믿고 싶어 합니다. 무언가 새로운 것이 주어질 거라고도 믿고 싶어 합니다. 우리는 알고 있습니다. 우리를 진정으로 사랑하는 그분만이 현세와 내세를 연결하도록 도와주실 수 있는 분이라는 사실을 말입니다.

그러나 우리가 두려워하는 죽음은 단순히 현재의 생을 마감하는 그 죽음이 아닐지도 모릅니다. 지금 잘 죽을 수만 있다면 우리의 생을 마감하는 죽음은 그리 두렵지 않을 것입니다. 그렇습니다. 지금이 진정한 죽음을 실천해야 할 때입니다. 시간의 세상으로부터 영원의 세상으로 가는 통로가 되는 죽음, 이 세상의 순간적인 아름다움에서 다음 세상의 영원한 아름다움으로 가는 통로가 되는 죽음, 어둠에서 빛으로 가는 통로가 되는 죽음이 그것입니다. 게다가 우리는 이 일을 홀로 실천할 필요가 없습니다.

61
외로움을 기꺼이 감당하고자 할 때

나는 무척이나 무력합니다. 나는 무슨 일이든 하고 싶습니다. 아니 무슨 일이든 해야 합니다. 최소한 폭력, 영양실조, 억압, 착취에 대해 무슨 말인가 해야 합니다. 또한 그것을 넘어서 눈에 보이는 고통을 경감시킬 수 있는 어떤 행동이라도 해야 합니다. 그러나 더 힘든 과제가 있습니다. 그것은 나 자신의 십자가를 지는 일입니다. 외로움과 고립의 십자가, 거절의 십자가, 우울함과 내적 고뇌의 십자가를 지는 일입니다. 멀리 있는 이웃들의 아픔 때문에 괴로워하더라도 나만이 겪는 고통을 질 수 없다면, 나는 행동주의자 혹은 인도주의자는 될 수 있지만 예수님의 제자는 될 수 없습니다. 내가 나의 외로움을 기꺼이 감당하고자 할 때 나와 억압당하는 자와의 관계는 실제가 됩니다. 나는 때로 다른 사람에 대해 염려함으로써 그 짐을 피하려고 합니다. 그러나 예수님은 "수고하고 무거운 짐 진 자들아, 다 내게로 오라. 내가 너희를 쉬게 하리라"(마 11:28)고 말씀하십니다. 목재를 지고 있던 과테말라인과 나 사이에는 결코 이어질 수 없는 간격이 있다고 생각할 수도 있습니다. 그러나 예수님은 우리 둘 다를 위해 십자가를 지셨습니다. 우리는 서로에게 속해 있습니다. 우리는 각자 자신의 십자가를 지고 그분을 따라야 하며, 그리하여 우리가 마음이 온유하고 겸손한 분으로부터 배우는 진정한 형제임을 발견해야 합니다.

62
마음에 가닿는 길

작은 우정의 표시들이 커다란 기쁨을 줄 수도 있고, 사람들 사이의 사소한 불화가 커다란 슬픔을 가져올 수도 있습니다. 반면 그날의 '큰 사건들'은 보통 우리 마음속 깊이 다가오지 못합니다. 친구에게 받은 뜻밖의 쪽지나 이웃이 무심코 건넨 말이 나의 하루를 기분 좋게 하기도 하고 망가뜨리기도 합니다. 반면, 물가 상승과 경기 후퇴, 전쟁과 압제는 내 감정을 직접적으로 건드리지 못합니다. 먼 곳에서 일어나는 재난은 가까운 곳에서의 가벼운 사고보다 영향력이 적고, 사람 사이의 작은 말다툼은 세계적 재난보다 화를 돋웁니다.…

그러나 우리는 이것을 얼마나 적용하지 못합니까? 고맙다는 쪽지를 건네는 일, '안부를 전하는' 카드를 보내는 일이나 '잘 지내는지 물어 보려고' 전화하는 일보다 더 쉬운 일이 있습니까? 그러나 나는 이 일을 얼마나 자주 합니까? 나는 누군가가 "말씀이 좋았습니다"라거나 "말씀에 감사합니다" 혹은 "당신의 쪽지가 정말 도움이 되었습니다" 혹은 "정말 평안해 보이십니다"라며 말을 건넬 때마다, 내 내면의 삶이 상승하고 그날이 더 찬란해 보이며, 잔디는 더 푸르게 보이고 쌓인 눈은 전보다 더 하얗게 보입니다. 진실로 위대한 신비는, 작고 때로 너무나 보잘것없는 몸짓이 내 마음을 그토록 엄청나게 변화시킬 수 있다는 사실입니다. 마음에 가닿는 길은 항상 조용하고 온화한 길인 것 같습니다.

63
아이들의 치유력

아이들은 항상 내게 현재를 살라는 도전을 줍니다. 그들은 내가 그들과 함께 지금 여기에 있기를 원하며, 내가 다른 할 일이나 생각할 거리가 있을 것이라는 사실을 잘 이해하지 못합니다. 나는 심리 치료를 받은 후에 아이들에게는 놀라운 치유의 능력이 있음을 발견했습니다. 파블리토, 조니, 마리아가 뛰어나와 나를 맞이하며 내 가방을 들어 주고 나를 내 '다락방'으로 데리고 갈 때마다, 나는 나에게 임하는 그들의 능력에 놀랍니다. 아무런 거리낌 없이 애정을 표현하고 그것을 받아들이는 그들의 모습은 나를 바로 그 순간으로 끌어들이며, 삶을 예찬하게 합니다. 옛날에는 집에 오면 공부하고, 편지 쓰고, 수업 준비를 했지만 이제는 무엇보다도 먼저 놀게 됩니다.…

이제 나는 아이들과 함께 그들의 기쁨 속으로 들어갈 때에만 그들의 가난과 아픔 속으로 들어갈 수 있음을 압니다. 하나님은 내가 아이들의 손을 잡고 고통의 세상 속으로 들어가기를 분명 원하십니다.

64
긍휼에 대한 보상

생애에서 가장 기억에 남는 순간 하나는, 페루의 리마 근처 팜플로나 알타에서 오스코 모레노 씨 가족들과 함께 살았던 때입니다.…나는 가난한 이들을 돕기 위해 페루에 갔습니다. 그리고 거기서 내가 받은 것에 대해 깊이 감사하며 고향으로 돌아왔습니다. 이후에 하버드 신학대학원에서 학생들을 가르치는 동안 나는 종종 '가족'에 대한 진짜 향수병을 앓았습니다. 내 팔과 다리에 매달리던 아이들, 큰 소리로 웃으며 과자와 음료수를 나누어 먹던 아이들이 그리웠습니다. 팜플로나 알타의 가난한 사람들의 관대함, 친밀함, 순수함이 그리웠습니다. 그들은 말 그대로 내게 사랑의 선물을 쏟아부어 주었습니다. 그들은 정말로 행복해했고, 키 큰 '외국인 신부'가 그들과 함께 있다는 사실을 자랑스러워하기까지 했습니다. 그러나 내가 그들에게 무엇을 주었든 내가 받은 것과 비교하면 그것은 아무것도 아닙니다.

긍휼에 대한 보상은 기대할 수 있는 무엇이 아닙니다. 그것은 긍휼 그 자체 안에 숨겨져 있습니다.

65
복음의 도전

아마도 복음의 도전적 측면은 무엇으로도 보답할 수 없는 선물을 받아들이라고 초대하는 데 있을 것입니다. 그 선물은 하나님의 생기(life breath), 곧 예수 그리스도를 통해 우리에게 부어진 성령입니다. 이 생기는 우리를 두려움에서 자유롭게 하고 우리에게 새로운 삶을 줍니다. 기도하며 삶을 꾸려 가는 사람은 언제나 하나님의 생기를 받아들일 준비가 되어 있고, 자기 삶을 새롭게 하고 더 확장할 준비가 되어 있는 사람입니다. 반대로 기도하지 않는 사람은 천식에 걸린 아이와 같습니다. 그는 호흡이 곤란해서 온 세상이 움츠러들어 보입니다. 그는 숨 쉴 공기를 찾아 구석으로 기어가며 괴로워합니다. 그러나 기도하는 사람은 하나님께 자신의 마음을 열고 다시 자유롭게 숨 쉴 수 있습니다. 그는 일어서서 손을 뻗어 구석에서 빠져나와 이 세상을 자유롭고 담대하게 활보합니다. 이제 두려워하지 않고 움직일 수 있기 때문입니다.

기도하는 사람은 다시 한번 자유롭게 숨 쉴 수 있는 사람입니다. 그는 원하는 곳이면 어디든 갈 수 있는 자유를 가진 사람입니다. 이제 그를 따라다니는 두려움은 없습니다.

66
믿음이 적은 기도

안전을 확보하기 위해 현재의 구체적인 상황을 굳게 붙잡고 있을 때, 믿음이 적은 기도를 하게 됩니다. 믿음이 적은 기도는 즉각적 만족을 구하는 간구로 가득 차 있습니다. 이런 소원 성취를 위한 기도에는 구체적 욕망을 만족시켜 주기를 원하는 산타클로스 식의 단순함이 있습니다.…

믿음이 적은 기도에는 소망의 가능성을 없애는 구체적 소원들이 있습니다. 이런 기도를 통해 불확실한 것을 확실히 하고자 하며, 손 안에 있는 한 마리 새가 숲에 있는 두 마리, 열 마리 새보다 낫다고 생각하기 시작합니다. 이런 기도에서 간구는, 소원을 이루어 주실 수도 있고 그러지 않을 수도 있는 분에게로 향하는 대신 무슨 방법으로든 구하는 것을 얻는 데 목표를 둡니다. 믿음이 적은 사람은 산타클로스에게 선물을 받으려는 아이처럼 기도합니다. 그 아이는 선물에 손을 대자마자 겁을 내며 도망가 버립니다. 그는 흰 수염을 기른 이 신사와는 더 이상 관계를 맺지 않으려 합니다. 선물에만 관심을 기울일 뿐, 그것을 주시는 분에게는 아무런 관심도 없는 것입니다.

67
고독을 느낄 때

우리는 고독을 통해 소유에 대한 환상을 벗어 버릴 수 있고, 삶이 우리가 정복한 결과가 아니라 주어진 선물임을 자아의 중심에서 깨달을 수 있습니다. 고독 가운데서 우리는 우리가 말하기 전에 우리에게 말씀하신 분, 우리가 도움을 청하기 전에 우리를 낫게 하신 분, 우리가 다른 사람을 자유롭게 해 주기 훨씬 전에 우리를 자유롭게 해 주신 분, 우리가 누군가를 사랑하기 오래전에 우리를 사랑하신 분의 목소리를 들을 수 있습니다. 바로 이 고독을 통해 우리는 우리의 존재가 소유보다 훨씬 중요하며, 존재는 우리 노력의 결과를 모두 합한 것보다 더 값지다는 사실을 깨닫습니다. 우리는 고독을 통해, 삶이란 지켜야 할 소유물이 아니라 여러 사람과 나누어야 할 선물임을 깨닫습니다. 바로 그곳에서 우리는 우리가 하는 치유의 말들이 우리의 것이 아니라 받은 것임을 깨닫습니다. 우리가 표현할 수 있는 사랑은 더 위대한 사랑의 한 부분임을 깨닫습니다. 또한 우리가 탄생시킨 새 생명은 품에 쥐고 있어야 할 소유가 아니라 선물임을 깨닫습니다.

68
침묵으로

우리의 중요한 문제 중 하나는 이 소란한 사회에서 침묵이 매우 두려운 것이 되었다는 사실입니다. 침묵 가운데서 사람들은 대부분 근질근질해 하고 안절부절못합니다. 많은 사람이 충만하고 풍요로운 침묵은 경험하지 못하고 공허하고 속이 빈 침묵만 경험합니다. 그들에게 침묵은 그들을 삼키려고 입을 쩍 벌리고 있는 심연과 같습니다. 예배 중에 "잠시 동안 침묵합시다"라는 말을 들으면, 사람들은 불안해하며 "이 시간이 언제 끝날까?" 하는 한 가지 생각에만 몰두하는 경향이 있습니다. 강요된 침묵은 흔히 적개심과 분노를 일으킵니다. 예배 중에 침묵을 경험해 본 많은 목회자는 침묵이 신성하다기보다는 악마적일 수 있다는 사실을 알며 그때의 침묵을 "계속 이야기를 하라"는 신호로 이해합니다. 그래서 대부분의 목회가 특히 침묵을 회피하여 그것이 자아내는 불안을 떨치려는 모습을 보이는데, 이는 이해할 만합니다.

그러나 모든 사역의 목적은 하나님을 두려운 분이 아니라 사랑이신 분으로 드러내는 것 아닐까요? 그리고 이러한 사역은, 우리가 부드럽고 조심스럽게, 텅 빈 침묵을 충만한 침묵으로, 염려스러운 침묵을 평화로운 침묵으로, 불안한 침묵을 편안한 침묵으로 바꾸는 것을 통해 이 변화된 침묵 안에서 사랑하는 아버지와의 진정한 만남이 이루어질 때 성취될 수 있지 않을까요?

69
중심을 보라

묵상하는 삶(contemplative life)이란, 삶에서 핵심적인 것들은 영적으로 인식할 수 있더라도 대부분 눈에 보이지 않는다는 사실, 부주의하고 바쁘고 산만한 사람(우리 모두가 이렇게 되기 쉽습니다)은 그것을 쉽게 간과할 수 있다는 기본 사실에 대한 인간의 반응입니다. 묵상하는 사람은 주변의 사물들을 많이 둘러보기보다는 그것들을 통해 그 중심을 봅니다. 묵상하는 사람은 이 중심을 통해 물질적 실체보다 훨씬 실제적이고 훨씬 밀도 있고 훨씬 광대하며 훨씬 에너지가 많고 훨씬 강도가 큰 영적 아름다움의 세계를 발견합니다. 사실 물질적 실체의 아름다움은 내적 실체의 반영입니다. 묵상이란 이렇게 건설된 세계에 대한 반응입니다. 위대한 묵상가들이었던 그리스 교부들이 투시하는(dioretic) 교부들로 알려져 있는 것은 이 때문입니다. '디오라오'(*diorao*)란 꿰뚫어 보는 것, 간파하는 것을 의미합니다. 그리스도의 몸을 기념하는 만찬에서, 우리는 우리 가운데, 우리 삶의 한가운데, 우리 존재의 한가운데, 우리 공동체의 한가운데, 창조 세계의 한가운데 현존하시는 부활하신 그리스도를 기념합니다.

70
말씀이 마음에 다가올 때

설교를 듣는 사람들은 대부분 설교하는 사람을 똑바로 바라봅니다. 그것은 당연합니다. 설교자들이 자신이 하는 말에 주의를 기울여 주기를 요구하기 때문입니다. 그러나 강당에서부터 듣는 이의 마음으로 주의가 옮겨지고, 말씀이 안전하게 거할 내적 침묵을 바로 그 마음에 드러내는 방식으로 설교가 이루어질 수도 있습니다.

"여호와는 나의 목자시니"라는 단순한 말씀은 하나님의 보살피심을 느낄 수 있는 뜰 주위에 쳐지는 울타리처럼 되도록 조용히 그리고 끊임없이 설교될 수 있습니다. 처음에는 흥미 있는 은유처럼 보일 수 있는 이 말씀은, 서서히 머리에서 마음으로 내려올 수 있습니다. 거기서 그 말씀은—모든 인간적인 말과 개념을 초월하시는 하나님의 역사로—내적 변형이 일어날 수 있는 상황을 만들 것입니다. 그래서 "여호와는 나의 목자시니"라는 말씀은 우리를 그분—설교자가 언급한 그분—의 따스한 임재 안에 머물 수 있는 조용한 목장으로 인도합니다.

71
말씀의 역사

하나님의 말씀은 성례전과 같습니다. 이것은 그 말씀이 성스러우며, 성스러운 그 말씀은 그것이 가리키는 것을 현존하게 한다는 뜻입니다.… 하나님의 말씀이 성스럽다고 말할 때 그것은 하나님의 말씀이 하나님의 현존으로 충만해 있음을 뜻합니다. 엠마오로 가는 길에서 예수님은 그분의 말씀을 통해 현존하셨고, 바로 그 현존이 슬픔을 기쁨으로, 탄식을 춤으로 바꾸었습니다. 이것은 모든 성찬례에서 일어나는 일입니다. 읽고 선포된 말씀은 우리를 하나님의 현존 속으로 이끌어 우리 마음과 정신을 변화시킵니다. 흔히 우리는 말씀에 대해 생각할 때 나가서 삶을 변화시키라는 훈계로 여깁니다. 그러나 말씀의 온전한 능력은, 우리가 말씀을 듣고 삶에 적용할 때 나타나는 것이 아니라, 우리가 말씀을 듣고 있는 그때 우리를 변형시키는 하나님의 능력으로 나타납니다.

72
지금 역사하시는 말씀

하나님의 말씀은 나중에 어느 날 우리가 일상생활에 적용할 그런 말씀이 아닙니다. 그것은 지금 여기서 우리가 귀 기울이는 가운데, 또 그 귀 기울임을 통해 우리를 치유하시는 말씀입니다.

그러므로 우리는 이렇게 물어야 합니다. '내가 말씀을 들을 때 하나님이 어떻게 나에게 오시는가? 말씀을 통해 나를 만지시는 하나님의 치유의 손을 나는 어디에서 분별하는가? 바로 그 순간 어떻게 나의 슬픔, 나의 비탄, 나의 울음이 변화되는가? 나는 하나님의 사랑의 불이 나의 마음을 정화시키시고 내게 새 삶을 주고 계심을 느끼고 있는가?' 이런 질문들이 나를 하나님이 실제로 현존하시는 거룩한 곳인 말씀의 성례로 이끕니다.

말의 실용성이 말의 주된 가치가 된 사회에 사는 사람은 처음에는 이 말을 퍽 생소하다고 느낄지도 모릅니다. 그러나 우리는 대부분, 일반적으로 무의식중에, 발화된 말의 치유력과 파괴력을 이미 알고 있습니다. 누군가가 나에게 '사랑한다' 혹은 '미워한다'고 했을 때, 나는 그저 어떤 유용한 정보만을 받아들이는 것이 아닙니다.…

예수님이 길에서 우리를 만나 성경을 설명해 주실 때 우리는 우리를 창조한 그 말씀이 또한 우리를 치유하리라고 신뢰하면서 전 존재를 기울여 들어야 합니다. 하나님은 우리 가운데 거하고자 하시며 그래서 두려움에 찬 우리 마음을 철저히 변화시키고자 하십니다.

73
반복의 사다리

한 마디의 말을 조용히 반복하는 것은 우리가 지성을 가지고 마음으로 내려가도록 도울 수 있습니다. 이 반복은 주술과는 아무런 관계도 없습니다. 이것은 하나님께 마법을 걸거나 그분이 우리의 말을 듣도록 강요하는 것이 아닙니다. 그와 반대로, 반복되는 한 마디 말이나 문장은 점차 우리를 집중시켜 그 중심으로 향하게 하고 내적인 정적을 조성해서 하나님의 음성을 듣도록 도울 수 있습니다. 단순히 조용하게 앉아 하나님이 우리에게 말씀하시기를 기다리려고 하면 우리는 끊임없이 여러 생각과 관념들의 공격을 받게 될 것입니다. 그러나 "오, 하나님. 오셔서 저를 도와주소서" 혹은 "나의 주님이신 예수님, 저에게 자비를 베푸소서"와 같은 아주 간단한 문장을 사용하거나 '주님' 또는 '예수님'과 같은 말을 사용하면 산만한 생각들에 의해 혼란해지지 않고 그것들을 좀 더 쉽게 물리칠 수 있습니다. 이와 같이 간단히 그리고 쉽게 반복하는 기도는 서서히 우리의 마음에서 혼잡한 내적 생활을 몰아내고 그 안에 하나님과 함께 머물 조용한 공간을 만들 수 있습니다. 그렇기에 이러한 기도는 마음으로 내려가고 하나님께로 올라가도록 해 주는 사다리와 같습니다. 우리가 어떤 말을 선택해서 기도해야 할지는 우리의 필요와 그 순간의 처지에 따라 다르지만, 일반적으로 성경 말씀을 사용하는 것이 가장 좋습니다.

74
상상과 기도

기도는 또한 상상하는 것과 관계가 깊습니다. 나는 하나님의 임재 앞으로 나아갈 때 그분을 여러 모습으로 상상합니다. 사랑 많은 아버지, 나를 지지해 주는 누이, 돌보아 주는 어머니, 엄한 선생님, 정직한 재판관, 여행 동무, 친한 친구, 온화한 치유자, 도전적 리더, 일을 시키는 감독관 등으로 상상합니다. 이런 모든 '특성'은 내 마음에 여러 이미지, 곧 내 생각뿐 아니라 실제로 내가 경험하는 방식에 영향을 미치는 이미지들을 만들어 냅니다. 나는 진정한 기도는 우리가 상상하는 대로 되게 해 준다고 믿습니다. 하나님께 드리는 기도는 하나님을 닮아 가도록 우리를 이끕니다.

묵상할 때 우리의 모든 감각을 사용하라고 제안한 성 이그나티우스는, 하나님의 계시의 신비에 집중하도록 도와주는 기술을 제안하는 것 이상의 일을 했습니다. 그는 우리가 하나님의 실재를 가능한 한 온전히 상상하여, 그 실재에 의해 우리도 서서히 신성화될 수 있기를 바랍니다. 사실 신성화(divinization)란 모든 기도와 묵상의 목적입니다. 사도 바울은 이 신성화를 이렇게 표현했습니다. "이제는 내가 사는 것이 아니요 오직 내 안에 그리스도께서 사시는 것이라"(갈 2:20).

75
기억하는 기도

한 가지 단순하면서도 명확한 기술은 기억하는 것입니다. '암기한다'(know by heart)는 표현은 기억의 가치를 암시하는 것입니다. 개인적으로 나는 암기하는 기도문이나 시편이 너무 없다는 사실이 안타깝습니다. 종종 나에게는 기도책이 필요합니다. 그것이 없으면 마음에 떠오르는 빈약한 생각에 의존하는 경향이 있기 때문입니다. '쉬지 않고' 기도하기가 그처럼 어려운 이유는 교회 바깥에서 사용할 수 있는 기도문이 거의 없기 때문인 탓도 있다고 생각합니다. 나는 내가 암기하는 기도문들이 매우 고통스러운 위기들을 지나가게 할 수 있음을 믿습니다. 감리교 목사인 프레드 모리스(Fred Morris)는 시편 23편("여호와는 나의 목자시니")이 브라질의 고문실에서의 고통스러운 시간들을 견디게 해 주었고, 또 그의 가장 어두운 시절에 평안함을 주었다고 이야기했습니다. 나는 그런 책들 없이 생존해야 하는 순간이 오면 어떤 말이 나에게 위로가 될지 궁금합니다. 나는 이런 위기 상황에서 나를 인도해 줄 하나님의 말씀 없이 나 자신의 무질서한 생각에 의지해야 할까 봐 두렵습니다.

76
사역으로서의 기도

예수님은 끊임없이 제자들을 떠나 아버지와의 기도 속으로 들어가셨습니다. 복음서를 읽으면 읽을수록 나는 예수님이 온전히 한 마음으로 아버지를 생각하셨다는 사실에 놀랍습니다. 예수님의 부모가 성전에서 예수님을 발견한 날부터 예수님은 그분이 하는 모든 말과 행동의 근원이 되시는 아버지에 대해 말씀하셨습니다. 예수님이 무리에게서 심지어 가장 가까운 친구들에게서 떠나실 때는 아버지와 함께 있기 위해서였습니다(참고. 막 1:35). 예수님은 전 생애에서 아버지와의 관계를 자신의 사역의 중심으로, 또 시작과 끝으로 간주하셨습니다. 그분은 모든 말과 행동을 아버지의 이름으로 하셨습니다. 그분은 아버지에게서 오셔서 아버지께로 가셨고, 바로 아버지 집에 우리를 위한 처소를 마련하고자 하셨습니다.

예수님이 자신의 사역을 성취하는 한 수단으로서 아버지와의 관계를 유지하고 계시는 것은 아니라는 사실은 분명합니다. 오히려 아버지와의 관계는 그분의 핵심 사역입니다. 따라서 기도, 하나님과 함께하는 날, 침묵하는 시간들을 우리의 영적 건강을 위한, 영적 재충전을 위한, 사역에 힘을 얻기 위한 수단으로 이해해서는 결코 안 됩니다. 오히려 그런 시간 자체가 바로 사역입니다.

77
누가 할 것인가?

나도 다른 사람처럼 자부심 넘치는 스타가 되고 싶었습니다. 그리고 내 동료 지성인들은 대부분 그런 욕구를 가졌다는 면에서 나와 비슷한 부류였습니다.

그러나 한 개인으로서 잘 훈련된 우리 모두는 오늘날 완전히 붕괴할 위험에 처한 세상에 직면해 있습니다. 이제 우리는 평화를 이루기 위해 어떻게 힘을 합할 수 있을지 의심하기 시작합니다. 이것은 어떤 종류의 평화가 될 수 있겠습니까? 모두가 중심 자리를 차지하려 하는데 누가 초상화를 그릴 수 있겠습니까? 누가 탑을 세우는 일에만 관심이 있는 사람들과 함께 아름다운 교회를 세울 수 있겠습니까? 누가 촛불을 꽂기만 원하는 사람들과 함께 생일 케이크를 구울 수 있겠습니까? 우리 모두 문제를 알고 있습니다. 모두가 평화를 이루는 일에 결정적 역할을 하는 영예만을 원한다면, 평화는 결코 오지 않습니다.

78
제가 달아나지 않게 해 주소서

사랑의 주님, 당신의 제자 베드로는 당신을 배반할 자가 누구인지 알고 싶어 했습니다. 그때 당신은 유다를 가리키셨지만, 잠시 후에는 베드로도 가리키셨습니다. 유다는 당신을 배반했고 베드로는 당신을 부인했습니다. 그러나 유다는 스스로 목을 매달았고 베드로는 사도가 되었습니다. 당신은 베드로를 제자들 중 첫째로 삼으셨습니다. 주님, 제게 믿음을 주십시오. 당신의 끝없는 자비와 한없는 용서, 깊이를 헤아릴 수 없는 선하심을 믿는 믿음을 주십시오. 제 죄가 너무나 커서 용서받을 수 없고, 너무나 혐오스러워 당신의 자비로운 손길이 닿을 수 없다는 생각에 미혹되지 않게 해 주십시오. 당신에게서 달아나지 말고, 당신이 저의 주, 저의 목자, 저의 방패, 저의 피난처가 되시기를 구하며 다시금 당신께 돌아오게 해 주십시오. 오, 주님. 저를 당신의 날개 아래 품으시고, 제가 당신께 용서를 구하는 한 당신이 저를 거부하지 않으실 것임을 알게 해 주십시오. 아마도 당신의 용서를 의심하는 것은, 용서받을 수 없을 거라고 생각하는 저의 어떤 죄보다도 더 큰 죄일 것입니다. 당신이 더 이상 저를 끌어안으실 수 없다고 생각한다면, 그것은 제가 제 자신을 너무나 중요하고 위대하게 만드는 것입니다. 주님, 저를 보시고, 베드로의 기도를 용납하셨듯이 제 기도를 받으시고, 유다처럼 밤에 당신에게서 달아나지 않게 해 주소서.

79
낮아지심의 신비

복음의 풍성함을 표현하기란 너무 어렵습니다. 마음 같아서는 예수님의 모든 말씀을 옮겨 적고 싶습니다. 그분은 매번 다른 방식으로 낮아지심의 신비를 거듭 우리에게 보여 주시기 때문입니다. 그것은 고난의 길이자 치유의 길입니다. 굴욕의 길이자 부활의 길입니다. 눈물의 길이지만 그 눈물이 기쁨의 눈물로 바뀌는 길입니다. 은밀한 길이지만 만인에게 비추일 빛으로 가는 길입니다. 핍박과 압제와 순교와 죽음의 길이지만 하나님의 사랑을 온전히 드러내는 길입니다. 요한복음에서 예수님은 말씀하십니다. "모세가 광야에서 뱀을 든 것같이 인자도 들려야 하리니"(요 3:14). 이 말씀에서 우리는 예수님의 낮아지심이 어떻게 높아지심이 되는지 볼 수 있습니다. '들려야' 한다는 것은 말할 수 없는 치욕으로 십자가에 달린다는 뜻이지만 동시에 말할 수 없는 영광으로 죽음을 이기고 일어나실 것을 뜻합니다.

80
어두운 과거에서 저를 자유롭게 해 주소서

주님, 저의 어두운 과거에서 저를 자유롭게 해 주십시오. 저는 종종 깊은 우물 속으로 들어가듯, 어두운 과거 속으로 빠져 들어가는 것처럼 느낍니다. 당신은 당신을 믿는 사람은 누구든지 더 이상 어둠에 거하지 않게 하시기 위해 이 세상에 오신 빛이십니다. 제가 어두운 구렁 속으로 가라앉지 않게 해 주십시오. 오, 주님. 당신의 따뜻하고 온유하며 생명을 주는 빛으로 저를 무덤에서 건져 주십시오. 빈센트 반 고흐는 "나사로의 부활"을 그리면서 당신을 태양으로 묘사했습니다. 그렇게 함으로써 그는 어둡고 사방이 벽으로 둘러싸인 과거에서 자신이 해방되었음을 표현하고자 했습니다. 주님, 제게 계속 당신의 빛을 보여 주시고, 이제 과거를 돌아보지 않고 일어나 당신을 따를 수 있는 힘을 주십시오. 당신은 나의 힘이시요 피난처시요 방패십니다. 제가 당신께 시선을 고정하는 한, 과거의 사건과 과거의 행동 패턴과 과거의 생각들로 돌아갈 이유가 없습니다. 당신의 빛 가운데서 모든 것이 새로워집니다. 저로 온전히 당신의 것이 되게 하소서. 아멘.

81
그리스도의 재림을 기다림

요한 에우데스 수도원장이 말했습니다.…우리는 비천한 인간으로 온유하게 오신 그리스도의 첫 번째 오심만을 갈망하지 말고, 우리 삶의 심판자로 오시는 그분의 재림도 갈망해야 한다고 말입니다. 나는 그리스도의 심판에 대한 갈망이 거룩함의 일면임을 감지했고, 내 속에 그 갈망이 얼마나 부족한지 깨달았습니다.

이그니의 구에릭(Guerric of Igny)은 대강절 설교에서 이 재림을 열렬히 갈망하기란 쉽지 않다고 말했습니다. 그러므로 그는 우리가 심판의 날을 갈망하며 우리 자신을 예비할 수 없다면 최소한 두려움으로라도 예비하자고 말했습니다. 두려움이 갈망으로 변하기까지 그 두려움을 천천히 그러나 계속해서 심화시켜 나가는 것이 그리스도인의 성숙의 일면임을 이제 좀더 잘 알게 되었습니다. 하나님의 대한 두려움은 그분의 자비와 대조되는 것이 아닙니다. 그러므로 두려움과 갈망, 정의와 자비 같은 말들을 주님과의 친밀한 관계에서 사용할 때는 그 말들을 새롭게 배우고 이해해야 합니다.

82
꿈을 우상으로 만드는 것

낮 동안 자신이 어린아이라고 느낄 때, 좌절한 우리의 마음은 꿈속에서 자신을 거대한 영웅으로 만들고 싶어 합니다. 그래서 꿈에서 우리는, 현실에서 우리를 대단치 않게 여기는 사람들이 모두 우러러보는 대단한 영웅이 되거나, 살아 있을 때는 우리를 비난했던 사람들에게서 나중에 그 진가를 인정받는 비극적 영웅이 됩니다. 꿈속에서는, 이집트에 온 형들을 아량 있게 용서하는 첫 번째 요셉이 될 수도 있고, 핍박받는 아들 예수를 데리고 이집트로 조심스레 피하는 두 번째 요셉이 될 수도 있습니다. 꿈속에서라면 우리는 자신의 순교를 기리는 동상을 세울 수도 있고 자신의 상처받은 자아를 위해 향을 피울 수도 있습니다. 채워지지 않은 욕망을 채우는 수단이 되기도 하는 이런 영상들을 통해 우리는 자신이 얼마나 재빨리 우상들을 갈아치우는지 깨닫습니다. 하루 24시간 내내 환상을 벗어 버리고 지내는 것은 생각보다 어렵습니다.

꿈의 내용을 직접 바꾸려 하거나 밤 동안 나타나는 예기치 않은 영상들에 대해서 걱정하는 것은 현명한 일이 아닐 것입니다. 그러나 꿈속의 우상은 우리를 겸손하게 만들어 주는 표지들로서 우리가 하나님을 만날 준비를 갖추기까지 아직 갈 길이 멀다는 점을 가르쳐 줍니다. 이 하나님은 우리의 손이나 지성으로 만든 하나님이 아니라 스스로 계신 분이며 사랑의 손으로 우리를 만드신 분입니다.

83
내 속에 있는 아이와의 만남

나는 내가 어린아이임을 압니다. 내가 이룬 모든 업적과 성공의 이면에서 계속해서 안전을 갈망하고 무조건적 사랑을 갈구하는 어린아이입니다. 나는 또한, 내 속의 아이에게 다가가지 못한다면 예수님과 그분에게 속한 모든 이에게 다가가지 못한다는 사실을 압니다. 나는 내 속의 아이와 만날 때마다 나의 무력함과 만나며, 나를 안전하게 보호해 주는 사람 하나 없이 홀로 버려질까 봐 두려워하는 마음을 만납니다.

예수님은 나로 하여금 내 속의 아이를 잘 키우게 하시려고 십자가에서 쓰러지셨습니다. 예수님이 쓰러지신 내 마음속의 자리는 내가 통제할 수 없는 곳이며, 높이 들리기를 원하는 곳이자 확신을 얻고 싶은 욕구가 절실한 곳입니다. 세상의 버려진 아이들이 내 속에 있습니다. 예수님은 두려워하지 말고 마음속에서 그들과 대면하고 그들과 더불어 고투하라고 내게 말씀하십니다. 그분은 내가 모든 거부감과 버려졌다는 느낌 너머에 있는 사랑을 발견하기를 원하십니다. 그것은 진정한 사랑, 지속되는 사랑으로 육체가 되셨으며 자녀들을 결코 홀로 내버려두지 않으실 그 하나님으로부터 오는 사랑입니다.

84
예수님이 어머니를 만나시다

예수님은 사형장으로 끌려가면서 어머니를 만나셨습니다. 마리아는 기절하지 않았습니다. 분노하거나 절망하며 울부짖지도 않았습니다. 군인들이 예수님을 고문하지 못하도록 막으려 하지도 않았습니다. 그녀는 그분에게 눈을 바라보았고 이때가 그분의 때임을 알았습니다. 가나에서 그녀가 그분에게 도움을 구했을 때, 그분은 그들 사이에 약간 거리를 두시며 말씀하셨습니다. "여자여…내 때가 아직 이르지 아니하였나이다"(요 2:4). 그러나 이제 하나님의 구원 계획이 완성되는 때를 아는 가운데 그분의 슬픔과 그녀의 슬픔이 하나가 되었습니다. 곧 마리아는 십자가 아래 설 것이고 예수님은 사랑하시는 제자 요한에게 "네 어머니라"(요 19:27)고 말씀하시며 그녀를 부탁하실 것입니다. 마리아는 그 슬픔 때문에 예수님의 어머니이자 고통당하는 모든 자녀의 어머니가 되었습니다. 그녀는 십자가 아래 서 있었습니다. 그리고 아직도 거기 서서 고통에 대해 복수, 보복, 절망으로 대응하고자 하는 사람들의 눈을 바라봅니다. 그녀는 그 슬픔 때문에, 어디에 있는 아이들이든 그들을 자신의 자녀로 포용하고 그들에게 어머니의 위로와 편안함을 주고자 하는 마음을 갖게 되었습니다.

85
우리의 눈물이 보여 주는 것은

많은 사람이 우는 것과 애통하는 것을 약함의 표시라고 생각합니다. 우는 것은 도움이 되지 않는다고들 합니다. 행동만 필요하다고 합니다. 그러나 예수님은 예루살렘을 위해 우셨고, 나사로가 죽었을 때도 우셨습니다. 우리의 눈물은 상처받아 고통스러운 인간의 상황을 보여 줍니다. 눈물은 인간이 고통을 피할 수 없다는 사실을 깊이 깨닫게 합니다. 그 눈물은 긍휼을 행할 수 있는 온화한 여건을 만들어 줍니다. 우리가 우리의 한계와 죄, 또 죽을 수밖에 없는 존재임을 고백할 수 없다면, 더 나은 세상을 만들기 위해 선의로 행한 행위들은 도리어 역효과를 내어, 목표가 불분명한 분노와 좌절의 표현이 되기 쉽습니다. 우리는 눈물을 통해, 이 세상을 위해 우셨던 예수님의 마음에 이를 수 있습니다. 우리는 그분과 함께 울 때 그분의 마음에 이르게 되고, 거기서 우리의 상실에 대한 가장 진정한 반응이 무엇인지 발견할 것입니다. 니카라과 여인들이 내전으로 흘린 눈물과 세상 전역에서 죽음 때문에 애통하는 수백만의 사람이 흘린 눈물이 우리의 토양을 긍휼, 용서, 온화함, 치유의 열매로 풍성하게 할 수 있습니다. 우리 역시 울어야 합니다. 그래서 더욱더 겸손한 사람이 되어야 합니다.

86
인간의 손을 바라보며

한 손이 다른 손길을 기다리고 있습니다. 인간의 손은 참으로 신비롭습니다. 손은 창조할 수도 있고 파괴할 수도 있으며, 어루만질 수도 있고 때릴 수도 있습니다. 환영의 표시를 할 수도 있고 비난을 표현할 수도 있습니다. 축복할 수도 있고 저주할 수도 있으며, 치유할 수도 있고 상처를 줄 수도 있습니다. 구걸할 수도 있고, 나누어 줄 수도 있습니다. 손은 안전과 보호의 상징이 되기도 하고 협박하는 주먹이 되기도 합니다. 또한 가장 두려운 것일 수도 있고 가장 갈망하는 것일 수도 있습니다.

가장 생동감 있는 이미지 중 하나는, 서로에게 손을 내밀어 어루만지고 손에 손을 맞잡고 평화와 화해를 이루는 모습입니다. 반대로 가장 절망적인 이미지 중 하나는, 돌보아 줄 손길을 기다리며 손을 뻗고 있는데 사람들은 신경 쓰지 않고 걸어가는 모습입니다. 이것은 개인의 고독을 나타낼 뿐 아니라 분열된 인류의 고독을 보여 줍니다. 가난한 사람들은 부유한 세계와 맞닿을 수 있는 데까지 손을 뻗지만 부유한 사람들은 편견으로 인해 가난한 사람들을 보지 못합니다. 인류는 여전히 깨어지고, 분열되어 있습니다.

87
하나님의 손과 나의 손을 보며

나는 하나님의 손에 대해 알게 된 이후로 나의 손을 다르게 보게 되었습니다. 여기서 말하는 하나님의 손은 역사의 운행을 주관하는 능력 많은 손이 아니라 인간에게 돌봄의 손길을 갈구하는 무력한 손입니다. 나는 세상 모든 곳에서 나를 향해 뻗은 하나님의 무력한 손을 점점 더 많이 보게 되었고, 그것을 좀더 분명하게 볼수록 그 손들은 더 가까워 보였습니다. 음식을 구하는 가난한 이들의 손, 그저 같이 있어 주기를 요구하는 외로운 사람들의 손, 안아 주기를 원하는 아이들의 손, 어루만져 주기를 바라는 병자들의 손, 훈련받기를 원하는 미숙한 이들의 손. 이 모든 손은 자신에게 다가와 손을 내밀어 주기를 기다리며 쓰러져 계신 예수님의 손입니다.

나는 항상 콜카타, 카이로, 뉴욕, 혹은 머나먼 곳에서 구걸하는 손들에 대해서만 생각하고, 바로 내가 사는 공간 안으로 뻗은 손들은 보지 않으려는 유혹을 받습니다. 나는 매일 밤, 잠자리에 들 때 양손을 바라보며 묻습니다. "너희들은 주변에서 손을 내밀고 있는 사람에게 다가가 평화, 소망, 용기, 확신을 조금이라도 가져다주었니?"

88
혁명과 회심

예수님은 그리스도인을 위해, 인간이 초월적 경험을 추구할 때 혁명과 회심이 서로 분리될 수 없음을 명백히 보여 주신 분입니다. 예수님은 우리 가운데 오셔서, 인간의 마음을 변화시키는 것과 인간 사회를 변화시키는 것이 별개의 과제가 아니고 십자가의 두 기둥처럼 서로 연결되어 있다는 것을 그 누구도 부인할 수 없도록 명백히 밝혀 주셨습니다.

예수님은 혁명가셨지만 극단주의자는 아니셨습니다. 그분은 이념을 제시하신 것이 아니라 그분 자신을 주셨기 때문입니다. 예수님은 신비주의자셨지만, 사회 악을 회피하기 위해 하나님과의 친밀한 관계를 이용하지 않으셨고 오히려 반역자로 처형당하심으로써 주위에 충격을 주셨습니다. 이런 의미에서, 예수님은 여전히 핵 인간(nuclear man, 나우웬이 현대인을 묘사하며 사용한 표현-편집자)에게 해방과 자유의 길이십니다.

89
관계에 기초한 리더십

하나님을 참으로 잘 아는 마음에서 모든 말씀이 선포되고, 모든 조언이 주어지고, 모든 전략이 개발될 수 있도록 신학의 신비주의적인 면을 재조정하는 것이 아주 중요합니다. 나는 교황권, 여성 안수, 사제의 결혼, 동성애, 산아 제한, 낙태, 안락사와 같은 이슈에 대한 교회의 논쟁들이 주로 도덕적 차원에서 이루어지고 있다는 인상을 받습니다. 사람들은 그 차원에서 어느 편이 옳고 그른지 투쟁을 벌입니다. 그러나 이러한 투쟁은 모든 인간관계의 밑바닥에 깔려 있는 하나님의 처음 사랑을 경험하면 없어지기도 합니다. 우파, 수구, 보수주의, 자유주의, 좌파와 같은 말들도 사람들의 입장을 나타내는 말로 쓰이며, 많은 논쟁이 진리에 대한 영적 탐구라기보다 권력 쟁취를 위한 정치전과도 같습니다.

기독교 지도자들은 단순히 이 시대의 불붙은 이슈들에 대하여 박식한 의견을 가진 사람들일 수 없습니다. 그들의 리더십은 성육신하신 말씀이신 예수님과의 영속적이고 친밀한 관계에 뿌리를 두고 있어야만 합니다.

90
예수님이 받으신 첫 번째 시험

예수님이 받으신 첫 번째 시험은 현실적으로 살라는 것이었습니다. 즉 돌들을 빵으로 바꾸라는 것이었습니다. '아, 내가 그렇게 할 수만 있다면…' 하고 얼마나 자주 소원했던가요! 나는 예전에 영양실조와 수질 오염으로 아이들이 죽어 가는 페루의 리마 변두리 지역의 '신흥 도시'들을 다녀 보았습니다. 만일 그때 내가 길거리에 쫙 깔려 있는 먼지투성이 돌들에게 신비한 마술을 부려 그곳 사람들이 어느 돌을 집어 들든지 그것이 크루아상이나 커피 케이크, 갓 구운 건포도 롤빵으로 변하게 하는 신비한 은사를 제안받았다면, 아마 나는 거부할 수 없었을 것입니다.…우리는 병든 사람을 치료하고, 굶주린 사람에게 먹을 것을 주며, 가난한 사람들의 고통을 덜어 주기 위하여 부름을 받지 않았습니까? 예수님도 똑같은 문제에 직면하셨습니다. 하지만 돌을 빵으로 변화시키는 현실적인 행동을 통해 하나님의 아들이신 그분의 능력을 나타내 보이라는 요구를 받았을 때, 그분은 말씀을 선포해야 할 자신의 사역을 붙드셨습니다.

91
예수님은 베드로 그리고 우리에게도 물으신다

이것은 '얼마나 많은 사람이 당신을 소중히 여기는가? 앞으로 얼마나 많은 업적을 쌓을 것인가? 결과를 좀 보여 줄 수 있는가?' 하는 질문이 아닙니다. 오히려 '예수 그리스도와 사랑을 나누고 있는가?'라는 질문입니다. 이 질문을 다른 식으로 표현한다면 '당신은 성육신하신 하나님을 아는가?'일 것입니다. 외로움과 절망으로 가득한 이 세상에는 하나님의 마음을 아는 사람들, 즉 용서하고 진정으로 돌보아 주고 손을 내밀어 치유해 주고자 하는 사람들이 절실하게 필요합니다. 하나님의 마음은 의심도 없고, 복수심도 없고, 원한도 없으며, 미움의 기미도 전혀 없는 마음입니다. 단지 사랑을 주고 그 응답으로 사랑을 받기 원하는 마음입니다. 그것은 말할 수 없는 고통을 받는 마음입니다. 엄청난 인간의 고통과, 위로와 희망을 주고자 하시는 하나님의 마음을 신뢰하기를 거부하는 모습들을 바라보기 때문입니다.

92
사랑을 힘으로 바꾸라는 유혹

힘에 대한 유혹이 저항할 수 없을 정도로 강해 보이는 이유는 무엇입니까? 아마도 사랑이라는 어려운 과제에 대한 손쉬운 대체물을 힘이 제공하기 때문이 아닌가 생각됩니다. 하나님을 사랑하기보다는 하나님이 되는 것이 더 쉽고, 사람들을 사랑하기보다는 사람들을 통제하는 것이 쉽습니다. 또한 삶을 사랑하는 것보다는 삶을 소유하는 것이 쉽습니다. 예수님은 "네가 나를 사랑하느냐"고 물으시지만, 우리는 "주의 나라에서 하나는 주의 우편에, 하나는 주의 좌편에 앉게 명하소서"(마 20:21)라고 요청합니다.…우리는 사랑을 힘으로 바꾸라는 유혹을 받아 왔습니다. 예수님은 광야에서 십자가까지, 이 유혹을 가장 고통스러운 방법으로 받으셨습니다. 교회사에서 가장 고통스러운 역사는 사랑 대신에 힘을 행사하려는, 십자가 대신에 지배하려는, 인도받는 대신에 인도하려는 유혹을 받아 온 사람들의 역사입니다. 이 유혹을 끝까지 이겨 내 우리에게 소망을 주는 사람들이야말로 진정한 성도라고 할 수 있습니다.

93
혼자서 찾지 마십시오

예수님을 따르는 구체적인 길을 열심히 찾고 있다면, 혼자서 찾지 말고 성찬례를 하는 공동체 안에서 찾기 바랍니다. 예수님의 길은 공동체—예수님을 믿고, 성찬의 식탁에 함께 모여 믿음을 고백하는 이들—밖에서는 찾을 수 없다는 확신이 날이 갈수록 깊어집니다. 성찬례는 교회라는 존재의 핵심이요 심장입니다. 성찬례 없이는 하나님의 백성도 없고 믿음의 공동체도 없고 교회도 없습니다. 교회를 떠나는 이들이 끝까지 예수님을 붙들기 어려워하는 모습을 우리는 자주 봅니다. 예수님이 자신의 몸과 피를 선물로 주신 성찬의 공동체가 교회라는 점을 생각할 때 그것은 너무 당연합니다. 그 예수님은 하늘에서 우리 가운데 오셔서 우리가 각자의 삶에서 사랑의 길을 찾도록 도우시는 분입니다.

94
내 삶의 중심

나의 전 존재는 성찬례에 근거합니다. 내 생각에, 사제가 된다는 것은 동료 그리스도인들에게 날마다 음식과 음료로서 그리스도를 나타내 보이기 위해 임명을 받는 것을 의미합니다. 때로 나는 나와 가까운 사람들이 성찬례가 내 삶의 핵심이라는 사실을 충분히 깨닫고 있는지 의심스럽습니다. 나는 다른 일들을 많이 하고, 교사, 설교자, 작가 등 다른 부가적 정체로 표현될 수 있기 때문에, 성찬례를 내 삶에서 중요성이 가장 적은 부분으로 여기기가 쉽습니다. 그러나 사실은 그 반대입니다. 성찬례가 내 삶의 중심이고, 다른 모든 것은 그 중심으로부터 의미를 얻습니다. 내 삶이 그리스도의 죽으심과 부활에 대한 지속적인 선포가 되어야 한다는 말을 당신이 이해하리라는 희망을 가지고, 나는 강조해서 말하고 있습니다. 이것은 무엇보다도 성찬례를 통해서 선포됩니다.

95
예수님을 초대하십니까?

좋은 만남이라도 깊은 관계로 발전하지는 못하는 것이 현대사회의 한 특징입니다. 우리 삶은 좋은 충고, 유익한 생각, 훌륭한 관점들로 가득하지만, 이것들은 단순히 여러 다른 생각과 관점에 더해질 뿐이며, 그래서 우리와는 '무관한' 채로 남습니다. 이러한 정보 과잉 사회에서는 가장 의미심장한 만남마저 여러 '흥미로운 일' 가운데 하나로 여겨지고 말 수 있습니다.

"와서 함께 머물라"는 초대만이 흥미로운 만남을, 삶을 변혁시키는 관계로 발전시킬 수 있습니다.

성찬례-그리고 우리 삶-의 가장 결정적인 순간 가운데 하나는 초대의 순간입니다. 우리는 이렇게 말합니다. "만나 뵙게 되어 정말 좋았습니다. 깊은 통찰과 충고와 격려에 감사합니다. 남은 여행 즐겁게 하시기 바랍니다. 안녕히 가십시오!" 아니면 이렇게 말하기도 합니다. "말씀을 듣고 보니 제 마음이 달라지는군요.…부디 저희 집에 오셔서 제가 어디서 어떻게 살고 있는지 보아 주십시오." 와서 보라는 이 초대가 만사를 달라지게 합니다.

예수님은 아주 흥미로운 분입니다. 그분의 말씀은 지혜로 가득 차 있습니다. 그분의 현존은 마음을 뜨거워지게 합니다. 그분의 온유함과 친절함은 깊은 감동을 줍니다. 그분의 메시지는 매우 도전적입니다. 그러나 우리는 그분을 우리 집으로 모셔 들입니까?

96
내가 사랑을 거부하는 자라면

오, 주님. 당신은 제 발 앞에 무릎을 꿇으시고, 저의 벗은 발을 손으로 잡으시고, 저를 바라보며 웃으십니다. 저는 제 안에서, 저항하고 싶은 마음이 일어나는 것을 느낍니다. "안 됩니다. 주님, 제 발을 절대로 못 씻기십니다." 마치 주님이 제게 베푸시는 그 사랑을 거부하는 것처럼 말입니다. 저는 이렇게 말하고 싶어집니다. "주님은 저를 정말로 모르십니다. 저의 어두운 감정들을, 저의 자만심, 저의 욕정, 저의 탐욕을 모르십니다. 제가 바른 말을 하는지는 모르지만 제 마음은 주님한테서 너무나 멀리 있습니다. 그렇습니다. 저는 주님께 속할 만큼 선한 사람이 못 됩니다. 주님은 마음속에 누군가 다른 사람을 생각하고 계신 게 틀림없습니다. 저는 아닙니다." 그러나 당신은 저를 바라보시며 더할 수 없이 다정하게 말씀하십니다. "나는 네가 나와 함께 있기를 바란다. 내 삶을 너와 온전히 나누기를 바란다. 내가 내 아버지에게 속해 있는 것처럼 너도 나에게 속해 있기를 바란다. 나는 너를 완전히 깨끗하게 씻어 주고 싶다. 그래서 너와 내가 하나가 되고 내가 너한테 해 준 것을 너도 다른 사람에게 해 줄 수 있게 되기를 바란다." 저는 저의 모든 두려움과 불신과 의심과 고민을 다 던져 버리고 그저 당신께서 저를 깨끗이 씻겨 주시도록 맡겨야 합니다. 그리고 저를 한없는 사랑으로 사랑하시는 당신의 친구로 삼으시도록 해야 합니다.

97
기쁨을 맛볼 우리

"내가 마실 이 잔을 너희도 마실 수 있느냐"고 예수님이 요한과 야고보에게 물으셨을 때 이들은 즉각 "마실 수 있습니다"라고 자신 있게 대답했습니다. 그러자 예수님은 "좋다, 너희도 나의 잔을 마실 것이다"라고 두려움과 희망을 동시에 주는 예언을 하셨습니다. 결국 예수님의 잔은 그들의 잔이 되었고, 예수님의 삶이 그들의 삶이 되었습니다. 예수님은 자신의 친구들이 고통받는 것을 원하지 않으셨습니다. 그러나 그들과 그분 자신이 고난을 받는 것이 영광에 이르는 유일한 길임을 예수님은 알고 계셨습니다. 나중에 예수님은 두 제자에게 "그리스도가 이런 고난을 받고 자기의 영광에 들어가야 할 것이 아니냐"(눅 24:26) 하고 물으셨습니다. '슬픔의 잔'과 '기쁨의 잔'은 서로 떼어 놓을 수 없는 하나의 잔입니다. 그분은 겟세마네 동산에서 마음이 "고민하여 죽게 되었으니"(마 26:38)라고 하시며 탄식하고 번민하실 때도, 그분에게 그것을 기억나게 해 줄 천사가 필요하다는 사실을 잘 아셨습니다. 우리의 잔이 고통으로 가득 차 있어서 그 안에서 기쁨을 찾기란 도저히 불가능해 보일 때가 많습니다. 우리가 포도처럼 짓뭉개지는 순간에는 후에 포도주가 되리라는 것을 생각할 수 없습니다.…그러나 바로 그때, 우리는 슬픔의 잔이 곧 기쁨의 잔이며, 지금 맛보는 슬픔만큼 언젠가는 기쁨도 맛볼 수 있게 되리라는 사실을 잊지 말아야 합니다.

98
인생의 잔을 잡는 것

우리 앞에 놓인 잔을 마시기 위해서는 먼저 그 잔을 잡아야 합니다.…

인생의 잔을 잡는 것은 우리의 삶을 비판적으로 바라보는 것을 의미합니다. 이 일을 위해서는 대단한 용기가 필요합니다. 삶을 비판적으로 보기 시작하면 예전과는 다르게 느껴지는 현실에 당황할 수도 있기 때문입니다. 쉽게 해답을 찾을 수 없는 질문이 꼬리를 물고 일어날지도 모릅니다. 과거에 확신했던 것들에 대해서도 의혹이 생길지 모릅니다. 예상치 못한 곳에서 두려움이 엄습할지도 모릅니다. "에이, 되는대로 살지 뭐. 이렇게 골치 아프게 생각하면 일만 더 어려워질 뿐이지" 하고 말하고픈 유혹이 생길지도 모릅니다. 그러나 삶을 비판적 시각으로 바라보지 않으면 미래에 대한 비전도, 나아갈 방향도 잃게 됩니다. 먼저 잔을 꼭 잡지 않고 그냥 잔을 들이킨다면 금방 취해 버리거나 목적을 잃고 방황하게 될지도 모릅니다.

인생의 잔을 잡는 일은 고된 훈련입니다. 우리는 목이 말라 곧바로 잔을 들어 마시고 싶어 합니다. 그러나 이러한 충동을 자제하며 두 손으로 잔을 잡고 '지금 내 앞에 놓인 것은 무엇인가? 내 잔에는 무엇이 담겨 있는가? 마셔도 좋을까? 내게 유익한 것일까? 건강해질까?' 하고 스스로에게 물어보아야 합니다.

99
인생의 잔을 들어 올리는 것

슬픔과 기쁨의 잔은 다른 사람들이 보고 축하할 수 있도록 높이 들어 올리면 삶을 위한 잔이 됩니다.…

우리는 흔히 지나온 과거를 돌이켜보며 "오늘의 나를 있게 한 모든 **좋은** 일에 대해 감사한다"고 말하기를 좋아합니다. 그러나 진정 삶을 위해 잔을 들고자 한다면 "지금까지 내게 일어난, 나를 여기까지 오게 한 **모든** 일에 대해서 감사한다"고 말할 수 있어야 합니다. 과거를 있는 그대로 받아들이고 감사하는 태도를 가지면 우리의 삶은 다른 사람들을 위한 진정한 선물이 될 수 있습니다. 감사하는 마음이야말로 질투와 경쟁심은 물론, 원한과 후회, 복수심과 슬픔 등의 감정까지 지울 수 있기 때문입니다. 감사하는 마음은 우리의 과거를, 미래를 위한 풍성한 선물로 바꿀 수 있으며, 우리 삶 전체를 베푸는 삶으로 바꿀 수 있습니다.

"네가 알아서 해"라는 말을 지나치게 중시하는 개인주의가 위세를 떨치는 우리 사회에서는 서로를 위하여 자신의 삶을 들어 올려 보여 주기가 더욱 어렵습니다. 그러나 우리가 두려움을 떨치고 용기 있게 우리 앞에 놓인 잔을 들 때마다 우리 자신의 삶뿐 아니라 다른 사람들의 삶까지도 예기치 않은 방식으로 활짝 꽃피울 수 있을 것입니다.

100
인생의 잔을 마시는 것

잔을 잡고 들어 올린 다음에는 마셔야 합니다.…

호프나 카페 등 세상에는 술이나 차를 마실 곳이 넘쳐납니다. 식당에 가더라도 종업원이 제일 먼저 하는 질문이 "마실 것 좀 드릴까요?"이고, 집에 찾아온 손님에게 제일 먼저 하는 말도 마찬가지입니다.

우리는 집에 있을 때나 다른 사람과 함께 있을 때나 마음이 편안할 때—잠시 동안이라도—잔을 드는 것 같습니다. 일하다가 잠시 커피를 마시기도 하고, 오후에 차를 마시기 위해 잠시 쉬기도 하며, 저녁 식사 전에 '간단히 한 잔' 하기도 하며, 잠자리에 들기 전에 포도주를 약간 마시기도 합니다. 이런 순간들은 우리가 우리 자신에게나 다른 사람들에게 "이렇게 살아 있다는 것이 얼마나 좋은 일인가! 그걸 기억하고 싶네"라고 말하는 때입니다.

삶의 잔을 마신다는 것은 우리가 소유한 모든 것을 우리의 삶으로 만드는 것입니다. 그것은 "이게 바로 내 삶이야"라든가 "난 이렇게 살고 싶어"라고 말하는 것과 같습니다. 삶의 잔을 마신다는 것은 자신의 고유한 존재 의미와 삶을 가득 채우고 있는 슬픔과 기쁨을 있는 그대로 인정하고 내면화하는 것을 의미합니다.

101
와서 먹고 가서 전하라

성찬례는 "이제 가서 전하라!"는 사명 선언과 함께 끝납니다. "이테 미사 에스트"(*Ite Missa est*)라는 라틴어는 사제가 성찬례를 마칠 때 사용하는 말로서, 문자적으로는 "가라, 이것이 너의 사명이다"라는 뜻입니다.

성찬례 참여가 끝이 아닙니다. 사명이 끝입니다. 하나님과의 거룩한 사귐인 성찬례가 성찬례적 삶의 마지막 순간이 아닙니다. 우리는 그분을 인식하게 되었지만, 그 인식은 맛을 음미하거나 비밀로 간직하기 위한 것이 아닙니다.…"가서 전하라." 이것이 성찬례의 결론입니다. 이것이 또한 성찬례적 삶의 최종적 부름입니다. "가서 전하라. 네가 보고 들은 것은 너희만을 위한 것이 아니다. 그것은 형제자매들과 그것을 받아들일 준비가 되어 있는 모든 이를 위한 것이다. 가라. 우물쭈물하지 말고, 기다리지 말고, 망설이지 말고, 지금 당장 일어나 떠나온 곳으로 돌아가서 피난처에 두고 떠난 그들에게 말하라. '두려워할 것 없다네. 그분은 부활하셨네. 정말 부활하셨다네!'라고."

우리는 그 사명이 무엇보다 낯선 이가 아닌 가까운 사람들에 대한 사명임을 깨달아야 합니다. 그들은 우리를 알고 좋아하며 예수님에 관해 들었으나 낙담한 사람들입니다. 그 사명은 무엇보다도 먼저 우리 가족, 우리 친구들, 우리 삶에서 한 부분을 차지하고 있는 친밀한 사람들에 대한 사명입니다.

102
많은 사람을 통해서 증명되는 영

예수님을 우리의 예수님으로, 우리가 받은 그분의 사랑에 대한 체험으로, 그분을 아는 우리의 방식으로 좁혀 버리는 일은 너무나 쉽습니다. 그러나 예수님은 그분의 영을 보내시기 위해 우리를 떠나셨고, 그분의 영은 원하시는 곳으로 불어오십니다. 신앙 공동체는 예수님의 길에 관한 여러 이야기가 전해지는 곳입니다. 이 이야기들은 서로 매우 다를 수 있습니다. 심지어 갈등을 일으키는 것처럼 보일지도 모릅니다. 그러나 우리가 많은 사람을 통하여, 말로도 침묵으로도, 대면을 통해서도 초대를 통해서도, 부드러움으로도 단호함으로도, 눈물로써도 웃음으로써도 자신을 드러내시는 그런 성령께 주의 깊게 귀를 기울이고 있을 때, 그때 우리는 우리가 서로에게 속해 있음을, 예수님의 영으로 함께 묶인 한 몸이 되어 있음을 서서히 깨달을 수 있습니다.

우리는 성찬을 나누면서, 식탁을 떠나 친구들에게 가서, 예수님이 진정 살아 계시고 우리를 새 백성―부활의 백성―이 되도록 함께 부르셨음을 발견하게 됩니다.

103
죽음 앞에서 1

내가 진정으로 씨름해야 할 것은 사랑하는 사람들을 남겨 두는 문제가 아니었습니다. 진정한 고투는, 내가 용서하지 못한 사람들과 나를 용서하지 못한 사람들을 남겨 두고 떠나야 한다는 것과 상관이 있었습니다. 그러한 느낌들은 나를 낡은 몸에 계속 얽어매 두려 했고, 나에게 깊은 슬픔을 가져다주었습니다. 갑자기 아주 강렬한 욕망이 일었습니다. 나 때문에 화가 난 사람들과 나를 화나게 한 사람들을 모두 침대맡에 불러 모아 놓고 꼭 끌어안으며 용서를 구하고 나도 그들을 용서한다고 표현하고 싶었습니다. 그런 생각을 하면서 한 가지 깨달은 점은, 그 사람들은 바로 나를 이 세상의 노예로 만들었던 숱한 의견들과 판단들과 정죄하는 행위들을 대표한다는 점이었습니다. 그리고 나는 다음과 같은 확신들이 옳다는 것을 나 자신뿐 아니라 다른 사람들에게 입증해 보이는 일에 엄청난 에너지를 쏟아 왔다는 생각을 했습니다. 즉 세상에는 믿을 수 없는 사람들이 있고, 나를 이용하려거나 나를 무시하려고 하는 사람들도 있으며, 어디에 속했든 어떤 부류의 사람이든 인간은 누구나 제구실을 다 못하는 모자라는 존재라는 확신 말입니다. 말하자면, 나는 사람들이 하는 행동의 평가자요 판단자로 지어진 존재나 되는 듯한 아주 고질적인 착각을 하고 있었던 것입니다.

104
죽음 앞에서 2

생명이 다해 감을 느꼈을 때 나는 어떤 강한 열망, 즉 용서하고 싶고 용서받고 싶은 열망, 내가 내린 모든 평가와 의견을 모두 날려 보내고 싶은 열망, 판단하는 모든 짐에서 자유로워지고 싶은 열망을 느꼈습니다. 나는 수(Sue)에게 말했습니다. "저에게 상처를 준 모든 사람에게 전해 주세요. 제가 마음 깊이 그분들을 용서한다고 말이에요. 그리고 저 때문에 상처받은 사람들에게도 말해 주세요. 부디 저를 용서해 달라고 말입니다." 이렇게 말하고 나자, 마치 내가 계급장을 달고 군목으로 복무할 때 허리에 차고 다닌 넓은 허리띠와 군장들을 벗어 버린 것만 같았습니다. 그 허리띠와 군장은 허리뿐 아니라 가슴이며 어깨까지 온통 휘감고 있었던 것입니다. 그 허리띠와 군장은 나에게 위신과 권세를 가져다주었습니다. 그것들은 나에게 사람들을 판단하고 명령을 내리도록 부추겼습니다. 나는 아주 잠시 군대에 있었지만, 내 기억에 허리띠와 군장을 완전히 벗어 본 적은 한번도 없습니다. 그러나 지금 나는 분명히 깨달았습니다. 결코 답답하게 나를 옭아매는 그 허리띠에 묶인 채 죽고 싶지는 않다는 점을 말입니다.

105
부드럽게 역사하시는 성령

10년 전의 나는 내가 머물고 있는 곳을 결국 떠나야 한다는 희미한 생각조차 하지 않았습니다. 지금도 나는 여전히 내 삶은 내가 통제한다는 환상을 좋아합니다. 나는 내게 가장 필요한 것, 내가 다음에 할 일, 내가 성취하고 싶은 것, 나에 대해 다른 사람들이 어떻게 생각할지 등을 모두 내가 결정하고 싶습니다. 내 삶이 너무나 바쁘게 흘러가는 동안, 나는 내 안에 계셔서 내 생각과는 너무 다른 방향을 지시하시는 하나님의 영의 부드러운 움직임을 감지하지 못하게 되었습니다.

하나님의 움직임을 인식하기 위해서는 내면의 고독과 침묵이 꼭 필요합니다. 하나님은 외치거나 소리치지 않으시고 몰아붙이지 않으십니다. 하나님의 성령은 작은 목소리나 미풍처럼 부드럽고 온화하십니다. 그분은 사랑의 영이십니다.

106
죽음에 대해 배운 것

만일 내가 그 많은 분노와 쓴 감정 속에서 죽어 간다면, 나는 내 뒤에 남겨질 가족들과 친구들을 혼란과 죄책감과 부끄러움과 연약함 속에 처하게 만들 것입니다. 죽음이 눈앞에 와 있음을 느낀 순간, 불현듯 나는 내 뒤에 남겨질 그 사람들의 마음속에 내가 얼마나 깊은 영향을 줄지 깨달았습니다. 만일 내가 죽음의 문턱에서 지금까지의 삶에 대해서 감사한다고 말할 수 있다면, 용서하고 싶고 용서받고 싶은 열망을 가질 수 있다면, 또 나를 사랑한 사람들이 여전히 기쁨과 평안 속에서 자신들의 삶을 이어 갈 수 있으리라는 소망으로 가득할 수 있다면, 나를 부르시는 예수님이 어떻게든 나의 삶과 관련이 있었던 그 모든 사람도 인도해 주실 것이라고 확신할 수 있다면, 그렇게만 할 수 있다면 나는 내 전 생애를 통해서 나타낼 수 있었던 것보다 훨씬 더 많은 참된 영적 자유를 내 죽음을 통하여 보여 줄 수 있을 것입니다. 나는 가장 깊은 차원에서, 죽음이야말로 삶의 가장 중요한 행위라는 사실을 깨달았습니다. 우리는 죽음을 통하여 다른 사람들을 죄책감에 묶어 놓을 수도 있고, 서슴없이 감사하게 할 수도 있습니다.

107
시간 속으로

비록 내 세계의 여러 두려움과 경고들에 굴복하기도 하지만, 나는 아직도 이 땅에서의 몇 년은 생사의 경계를 뛰어넘는 훨씬 거대한 사건의 한 부분이라는 사실을 굳게 믿습니다. 그것은 시간 속으로 가는 사명, 아주 즐겁고 흥분되는 사명입니다. 그 사명을 위해 나를 보내신 분이 내가 집에 돌아와서, 배운 것에 대해 이야기하기를 기다리고 계시기 때문입니다.

나는 죽음을 두려워하는 것일까요? 나 자신을 방치하여, 나의 '보잘것없는 삶'은 내 소유라고 하면서 온 힘을 다해 그것에 매달리라고 권유하는 세상의 시끄러운 목소리의 유혹을 받는 순간에는 죽음이 두렵습니다. 그러나 내 삶에서 이 목소리들을 멀리 치워 버리고 나를 사랑받는 자로 부르시는 작고 부드러운 목소리에 귀 기울일 때는, 두려울 것이 없습니다. 또 죽음은 위대한 사랑의 행동임을, 끊임없는 사랑을 품으신 내 하나님의 영원한 품으로 나를 이끄는 행동임을 압니다.

108
과거와 미래가 현재를 만나다

예수님이 인류를 구속하기 위해 오셨을 때, 그분은 우리를 시간의 한계에서 자유롭게 하기 위해 오셨습니다. 우리 존재가 언제 어디에 있든 하나님이 우리와 함께하신다는 사실이 그분으로 말미암아 분명해졌습니다. 또한 우리 과거는 잊히거나 거절당하는 것이 아니라 기억되고 용서받아야 한다는 사실이 분명해졌습니다. 그리고 우리는 그분이 다시 오셔서 아직 알려지지 않은 사실들을 보이실 때를 여전히 기다리고 있음이 분명해졌습니다. 예수님은 제자들을 떠나시며 그분이 한 일을 기념하라고 빵과 포도주를 주셨습니다. 그것은 그분이 다시 오실 때까지 그들 가운데 머물러 계시기 위해서였습니다. 성찬례(Eucharist)라는 단어는 감사를 의미하며, 과거와 미래가 현재 이 순간에서 함께 만난다는 관점을 표현하는 것입니다. 이 감사 행위는 삶을 진정으로 축하할 수 있게 해 줍니다. 삶에 대한 성찬례적 축하는 종종 형식이 잘 갖추어지지 않은 곳에서 일어납니다. 예식이 거행되는 곳에서만 삶을 축하할 수 있는 것이 아닙니다. 때로는 그렇지만, 그렇지 않은 경우도 많습니다. 우리는 예전적 개혁이나 변화에 대해서 이야기하지 않더라도, 가장 깊은 성찬례적 의미에서 온전한 삶을 살아가는 장소와 사람들에 더 민감해야 합니다.

109
책에 귀 기울이라

책에 귀 기울이십시오. 성경을 읽고, 성경을 다루는 책을 읽고, 영적 삶을 다루는 책과 '위대한' 성인들의 삶을 다룬 책을 읽으십시오. 당신이 독서를 많이 한다는 사실을 압니다. 하지만 당신이 읽은 많은 책은 예수님이 당신에게 보여 주시는 길에서 오히려 당신을 멀어지게 합니다. 중고등학교와 대학교에서 '영적 독서'에 관해 당신에게 알려 주는 것은 별로 없습니다. 그래서 당신의 영적 삶에 도움이 되는 책들을 꾸준히 읽는 것이 중요합니다. 어쩌다 손에 잡힌 경우든 일부러 택해서 읽는 경우든 신앙 서적을 통해 하나님께 돌아오는 사람들이 많습니다. 아우구스티누스, 이그나티우스, 토마스 머튼, 그리고 다른 많은 사람이 책을 읽고 회심했습니다. 그러나 이 도전은 '영적인' 책을 재미있는 정보의 출처로 읽으라는 것이 아니라 당신에게 직접 말하는 음성을 듣듯 귀 기울이라는 것입니다. 그 본문이 당신을 '읽도록' 하는 것은 쉽지 않습니다. 흔히 우리는 지식과 정보에 대한 갈증을 느껴, 그 말씀이 당신을 소유하는 대신, 당신이 그 말씀을 소유하려 합니다. 그럴지라도, 당신의 마음속에 들어가려 하시는 그 말씀에 귀 기울임으로써 당신은 가장 많은 것을 배우게 될 것입니다.

110
기쁨을 택하라

하나님의 기쁨을 알고자 하는 사람들은 어둠을 부정하는 것이 아니라, 다만 어둠 안에서 살지 않으려 합니다. 그들의 주장에 따르면, 어둠을 비추는 빛은 어둠 자체보다 더 신뢰할 만하며 한 줄기 빛으로도 많은 어둠을 몰아낼 수 있다고 합니다. 그들은 여기저기에 빛이 깜박이고 있음을 서로를 향해 가리키며, 보이지 않지만 실재하는 하나님의 임재를 나타내야 함을 서로에게 상기시킵니다. 그들은 서로의 상처를 고쳐 주는 사람들이 있음을 발견합니다. 서로 잘못을 용서하고, 소유를 나누며, 공동체 의식을 키우고, 자신들이 받은 선물을 축하하며 하나님의 영광이 온전히 드러나기를 계속 기다리며 사는 사람들이 있음을 발견합니다.

매일 매 순간 내게는 냉소와 기쁨 가운데서 선택할 수 있는 기회가 주어집니다. 내가 하는 모든 생각은 냉소적일 수도 있고 즐거울 수도 있습니다. 내가 뱉는 모든 말은 냉소적일 수도 있고 즐거울 수도 있습니다. 나의 모든 행동이 냉소적일 수도 있고 즐거울 수도 있습니다. 나는 모든 선택이 가능하다는 것을 서서히 알아 가고 있습니다. 그리고 서서히 발견하고 있습니다. 기쁨을 택하면 더 많은 기쁨이 생기고, 그것은 삶을 아버지의 집에서의 진짜 축하거리로 만들 더 많은 이유를 준다는 사실을.

111
믿지 않는 자가 아니라 믿는 자가 되게 하소서

가끔 저는 당신이 잘 보이지 않는 것처럼, 당신 말씀이 잘 들리지 않는 것처럼, 당신을 잘 만질 수 없는 것처럼 행동합니다. 주위 세상은 보고 듣고 만지기가 아주 쉬운데다가, 심지어 미처 그것을 충분히 의식하기도 전에 저는 이미 엄청난 욕심과 탐욕을 가지고 보고 듣고 만집니다. 제 욕심은 항상 더 많은 것을 요구하면서 결코 완전히 만족하는 법이 없습니다. 그러고는 제 주위의 색깔과 소리와 물질에 끌려 당신에게서 멀어지면서 당신은 구체적이지 않아서 만족할 수 없다며 비난합니다. 그러면서 당신의 제자 도마가 말했듯이 "당신 옆구리에 손을 넣어 보기 전에는 저는 믿지 않겠습니다"라고 말합니다.

오, 예수님. 왜 저는 단순하게 당신과 당신이 이미 보이신 사랑을 믿지 못할까요? 스스로 뭔가 알 수 있는 순간부터 당신을 아는 특권을 누린 사람이 있을까요? 저는 그 특권을 누렸습니다. 부모와 친구와 스승을 통해 당신의 애정과 보살핌을 느낀 사람이 있을까요? 저는 그랬습니다. 당신을 더 잘 알고 더 많이 사랑할 수 있는 기회를 수없이 많이 가진 사람이 있을까요? 저는 그랬습니다! 그런데도 저는 여전히 뾰로통해서 확신하지 못한 채 "내 손을 그분 옆구리에 넣어 보지 않고서는 믿지 않겠다"고 합니다.

주님, 당신은 너무 오래 참으십니다. 화를 내거나 억울해하지 않으십니다. 거기 서서 제 손을 잡고 말씀하십니다. "네 손을 내밀어 내 옆구리에 넣어 보라. 그리하여 믿음 없는 자가 되지 말고 믿는 자가 되라"(요 20:27).

112
저를 진정한 제자로 만들어 주소서

사랑의 주님, 제가 당신에 대해 모든 것을 알 때조차도, 모든 성경을 주의 깊게 공부할 때조차도, 당신의 섬김 가운데서 사역하고자 하는 강한 욕망과 의지를 가질 때조차도, 성령을 선물로 받지 않으면 아무것도 할 수 없습니다. 저는 종종 진정한 삶에 대한 분명한 비전과 그 비전대로 살고자 하는 진지한 소망도 제가 진정한 제자가 되기에는 충분하지 않음을 깨닫습니다. 당신의 영이 제 존재 깊숙이 들어오실 때에만 저는 당신 안에서, 당신과 함께, 당신을 통해서 사는 한 인간, 곧 진정한 그리스도인이 될 수 있습니다.

당신은 친구들에게 예루살렘을 떠나지 말고 "위로부터 능력으로 입혀질 때까지 이 성에 머물라"(눅 24:49)고 분명하게 말씀하셨습니다.

주님, 성령의 능력을 간구합니다. 이 능력이 제게 임하여, 제가 가고 싶지 않은 곳까지도 당신을 따라가고자 하는 진정한 제자로 변화되게 해 주십시오. 아멘.

인용 도서 목록

1. *A Cry for Mercy* ⓒ 1981 by Henri J. M. Nouwen. Doubleday, a division of Bantam Doubleday Dell Publishing Group, Inc. 『자비를 구하는 외침』(한국기독교연구소).
2. *Can You Drink the Cup?* ⓒ 1996 by Ave Maria Press, Notre Dame, IN 56556. 『이 잔을 들겠느냐』(바오로딸).
3. *Here and Now* ⓒ 1994 by Henri J. M. Nouwen. The Crossroad Publishing Company, New York. 『여기 지금 우리와 함께하시는 하나님』(은성).
4. *The Living Reminder* ⓒ 1977 by Henri J. M. Nouwen. HarperCollins Publishers, Inc. 『예수님을 생각나게 하는 사람』(두란노).
5. *A Cry for Mercy* ⓒ 1981 by Henri J. M. Nouwen. Doubleday, a division of Bantam Doubleday Dell Publishing Group, Inc.
6. *Life of the Beloved* ⓒ 1992 by Henri J. M. Nouwen. The Crossroad Publishing Company, New York. 『이는 내 사랑하는 자요』(IVP).
7. *The Genesee Diary* ⓒ 1976 by Henri J. M. Nouwen. Doubleday, a division of Bantam Doubleday Dell Publishing Group, Inc. 『제네시 일기』(포이에마).
8. *Clowning in Rome* ⓒ 1979 by Henri J. M. Nouwen. Doubleday, a division of Bantam Doubleday Dell Publishing Group, Inc. 『로마의 어릿광대』(가톨릭대학교출판부).
9. *With Open Hands* ⓒ 1972 by Ave Maria Press, Notre Dame, IN 56556. 『열린 손으로』(성바오로).
10. *Reaching Out* ⓒ 1975 by Henri J. M. Nouwen. Doubleday, a division of Bantam Doubleday Dell Publishing Group, Inc. 『영적 발돋움』(두란노).
11. *Clowning in Rome* ⓒ 1979 by Henri J. M. Nouwen. Doubleday, a division of Bantam Doubleday Dell Publishing Group, Inc.

12. *With Open Hands* ⓒ 1972 by Ave Maria Press, Notre Dame, IN 56556.

13-14. *Out of Solitude* ⓒ 1974 by Ave Maria Press, Notre Dame, IN 56556. 『고독』(성바오로).

15. *Beyond the Mirror* ⓒ 1990 by Henri J. M. Nouwen. The Crossroad Publishing Company, New York. 『거울 너머의 세계』(두란노).

16. *Jesus and Mary: Finding Our Sacred Center* ⓒ 1993 by Henri J. M. Nouwen. St. Anthony Messenger Press, 1615 Republic Street, Cincinnati, OH 45210; 800-488-0488.

17. *The Inner Voice of Love* ⓒ 1996 by Henri Nouwen. Doubleday, a division of Bantam Doubleday Dell Publishing Group, Inc. 『마음에서 들려 오는 사랑의 소리』(바오로딸).

18-19. *Life of the Beloved* ⓒ 1992 by Henri J. M. Nouwen. The Crossroad Publishing Company, New York.

20. *Heart Speaks to Heart* ⓒ 1989 by Ave Maria Press, Notre Dame, IN 56556. 『나의 마음이 님의 마음에다』(성바오로).

21. *Life of the Beloved* ⓒ 1992 by Henri J. M. Nouwen. The Crossroad Publishing Company, New York.

22. *Behold the Beauty of the Lord: Praying with Icons* ⓒ 1987 by Ave Maria Press, Notre Dame, IN 56556. 『주님의 아름다우심을 우러러』(분도).

23. *Reaching Out* ⓒ 1975 by Henri J. M. Nouwen. Doubleday, a division of Bantam Doubleday Dell Publishing Group, Inc.

24. *The Genesee Diary* ⓒ 1976 by Henri J. M. Nouwen. Doubleday, a division of Bantam Doubleday Dell Publishing Group, Inc.

25. *Gracias! A Latin American Journal* ⓒ 1983 by Henri J. M. Nouwen. HarperCollins Publishers, Inc. 『주님 감사합니다』(아침영성지도연구원).

26. *A Cry for Mercy* ⓒ 1981 by Henri J. M. Nouwen. Doubleday, a division of Bantam Doubleday Dell Publishing Group, Inc.

27. *The Inner Voice of Love* ⓒ 1996 by Henri Nouwen. Doubleday, a division of Bantam Doubleday Dell Publishing Group, Inc. 『마음에서

들려 오는 사랑의 소리』(바오로딸).

28. *Gracias! A Latin American Journal* © 1983 by Henri J. M. Nouwen. HarperCollins Publishers, Inc.

29-30. *In Memoriam* © 1980 by Ave Maria Press, Notre Dame, IN 56556. 『소중한 추억, 나의 어머니』(성바오로).

31. *The Wounded Healer* © 1972 by Henri J. M. Nouwen. Doubleday, a division of Bantam Doubleday Dell Publishing Group, Inc. 『상처 입은 치유자』(두란노).

32-34. *The Return of the Prodigal Son* © 1992 by Henri J. M. Nouwen. Doubleday, a division of Bantam Doubleday Dell Publishing Group, Inc. 『탕자의 귀향』(포이에마).

35-36. *Jesus and Mary: Finding Our Sacred Center* © 1993 by Henri J. M. Nouwen. St. Anthony Messenger Press, 1615 Republic Street, Cincinnati, OH 45210; 800-488-0488.

37. *The Path of Waiting* © 1995 by Henri J. M. Nouwen. The Crossroad Publishing Company, New York. 『영성에의 길』(IVP).

38. *Creative Ministry* © 1971 by Henri J. M. Nouwen. Doubleday, a division of Bantam Doubleday Dell Publishing Group, Inc. 『새 시대의 사목』(성바오로).

39. *A Cry for Mercy* © 1981 by Henri J. M. Nouwen. Doubleday, a division of Bantam Doubleday Dell Publishing Group, Inc.

40. *Here and Now* © 1994 by Henri J. M. Nouwen. The Crossroad Publishing Company, New York.

41. *Creative Ministry* © 1971 by Henri J. M. Nouwen. Doubleday, a division of Bantam Doubleday Dell Publishing Group, Inc.

42. *The Path of Power* © 1995 by Henri J. M. Nouwen. The Crossroad Publishing Company, New York. 『영성에의 길』(IVP).

43. *Here and Now* © 1994 by Henri J. M. Nouwen. The Crossroad Publishing Company, New York.

44. *Clowning in Rome* ⓒ 1979 by Henri J. M. Nouwen. Doubleday, a division of Bantam Doubleday Dell Publishing Group, Inc.
45. *Can You Drink the Cup?* ⓒ 1996 by Ave Maria Press, Notre Dame, IN 56556.
46. *Here and Now* ⓒ 1994 by Henri J. M. Nouwen. The Crossroad Publishing Company, New York.
47. *With Burning Hearts* ⓒ 1994 by Henri J. M. Nouwen. Orbis Books. 『뜨거운 마음으로』(분도).
48. *The Inner Voice of Love* ⓒ 1996 by Henri Nouwen. Doubleday, a division of Bantam Doubleday Dell Publishing Group, Inc.
49. *Letters to Marc about Jesus* ⓒ 1987, 1988 by Harper & Row, Publishers, Inc. and Darton, Longman & Todd, Ltd. Reprinted by permission of HarperCollins Publishers, Inc. 『헨리 나우웬의 영성 편지』(복있는사람).
50. "Anger's Burden", *Weaving: A Journal of the Christian Spiritual Life*(March/April 1994), Vol. IX, No. 2, 1994 by the Upper Room.
51. *The Genesee Diary* ⓒ 1976 by Henri J. M. Nouwen. Doubleday, a division of Bantam Doubleday Dell Publishing Group, Inc.
52. *The Inner Voice of Love* ⓒ 1996 by Henri Nouwen. Doubleday, a division of Bantam Doubleday Dell Publishing Group, Inc.
53. *With Burning Hearts* ⓒ 1994 by Henri J. M. Nouwen. Orbis Books.
54. *The Genesee Diary* ⓒ 1976 by Henri J. M. Nouwen. Doubleday, a division of Bantam Doubleday Dell Publishing Group, Inc.
55. *Reaching Out* ⓒ 1975 by Henri J. M. Nouwen. Doubleday, a division of Bantam Doubleday Dell Publishing Group, Inc.
56. *Out of Solitude* ⓒ 1974 by Ave Maria Press, Notre Dame, IN 56556.
57. *Letters to Marc about Jesus* ⓒ 1987, 1988 by Harper & Row, Publishers, Inc. and Darton, Longman & Todd, Ltd. Reprinted by permission of HarperCollins Publishers, Inc.
58. *Clowning in Rome* ⓒ 1979 by Henri J. M. Nouwen. Doubleday, a

division of Bantam Doubleday Dell Publishing Group, Inc.
59. *With Open Hands* ⓒ 1972 by Ave Maria Press, Notre Dame, IN 56556.
60. *The Inner Voice of Love* ⓒ 1996 by Henri Nouwen. Doubleday, a division of Bantam Doubleday Dell Publishing Group, Inc.
61. *Walk with Jesus* ⓒ 1990 by Henri Nouwen. Orbis Books. 『예수님과 함께 걷는 삶』(IVP).
62. *The Genesee Diary* ⓒ 1976 by Henri J. M. Nouwen. Doubleday, a division of Bantam Doubleday Dell Publishing Group, Inc.
63. *Gracias! A Latin American Journal* ⓒ 1983 by Henri J. M. Nouwen. HarperCollins Publishers, Inc.
64. *Here and Now* ⓒ 1994 by Henri J. M. Nouwen. The Crossroad Publishing Company, New York.
65-66. *With Open Hands* ⓒ 1972 by Ave Maria Press, Notre Dame, IN 56556.
67. *Out of Solitude* ⓒ 1974 by Ave Maria Press, Notre Dame, IN 56556.
68. *The Way of the Heart* ⓒ 1981 by Henri J. M. Nouwen. HarperCollins Publishers, Inc. 『마음의 길』(분도).
69. *The Genesee Diary* ⓒ 1976 by Henri J. M. Nouwen. Doubleday, a division of Bantam Doubleday Dell Publishing Group, Inc.
70. *The Way of the Heart* ⓒ 1981 by Henri J. M. Nouwen. HarperCollins Publishers, Inc.
71-72. *With Burning Hearts* ⓒ 1994 by Henri J. M. Nouwen. Orbis Books.
73. *The Way of the Heart* ⓒ 1981 by Henri J. M. Nouwen. HarperCollins Publishers, Inc.
74. *Gracias! A Latin American Journal* ⓒ 1983 by Henri J. M. Nouwen. HarperCollins Publishers, Inc.
75-76. *The Living Reminder* ⓒ 1977 by Henri J. M. Nouwen. HarperCollins Publishers, Inc.
77. *The Path of Peace* ⓒ 1995 by Henri J. M. Nouwen. The Crossroad Publishing Company, New York. 『영성에의 길』(IVP).

78. *A Cry for Mercy* © 1981 by Henri J. M. Nouwen. Doubleday, a division of Bantam Doubleday Dell Publishing Group, Inc.
79. *Letters to Marc about Jesus* © 1987, 1988 by Harper & Row, Publishers, Inc. and Darton, Longman & Todd, Ltd. Reprinted by permission of HarperCollins Publishers, Inc.
80. *A Cry for Mercy* © 1981 by Henri J. M. Nouwen. Doubleday, a division of Bantam Doubleday Dell Publishing Group, Inc.
81. *The Genesee Diary* © 1976 by Henri J. M. Nouwen. Doubleday, a division of Bantam Doubleday Dell Publishing Group, Inc.
82. *Reaching Out* © 1975 by Henri J. M. Nouwen. Doubleday, a division of Bantam Doubleday Dell Publishing Group, Inc.
83-87. *Walk with Jesus* © 1990 by Henri Nouwen. Orbis Books.
88. *The Wounded Healer* © 1972 by Henri J. M. Nouwen. Doubleday, a division of Bantam Doubleday Dell Publishing Group, Inc.
89-92. *In the Name of Jesus* © 1989 by Henri J. M. Nouwen. The Crossroad Publishing Company, New York.
93. *Letters to Marc about Jesus* © 1987, 1988 by Harper & Row, Publishers, Inc. and Darton, Longman & Todd, Ltd. Reprinted by permission of HarperCollins Publishers, Inc.
94. *A Letter of Consolation* © 1982 by Henri J. M. Nouwen. HarperCollins Publishers, Inc. 『위로의 편지』(가톨릭).
95. *With Burning Hearts* © 1994 by Henri J. M. Nouwen. Orbis Books.
96. *Heart Speaks to Heart* © 1989 by Ave Maria Press, Notre Dame, IN 56556.
97-100. *Can You Drink the Cup?* © 1996 by Ave Maria Press, Notre Dame, IN 56556.
101-102. *With Burning Hearts* © 1994 by Henri J. M. Nouwen. Orbis Books.
103-104. *Beyond the Mirror* © 1990 by Henri J. M. Nouwen. The Crossroad

Publishing Company, New York.

105. *Here and Now* © 1994 by Henri J. M. Nouwen. The Crossroad Publishing Company, New York.

106. *Beyond the Mirror* © 1990 by Henri J. M. Nouwen. The Crossroad Publishing Company, New York.

107. *Life of the Beloved* © 1992 by Henri J. M. Nouwen. The Crossroad Publishing Company, New York.

108. *Creative Ministry* © 1971 by Henri J. M. Nouwen. Doubleday, a division of Bantam Doubleday Dell Publishing Group, Inc.

109. *Letters to Marc about Jesus* © 1987, 1988 by Harper & Row, Publishers, Inc. and Darton, Longman & Todd, Ltd. Reprinted by permission of HarperCollins Publishers, Inc.

110. *The Return of the Prodigal Son* © 1992 by Henri J. M. Nouwen. Doubleday, a division of Bantam Doubleday Dell Publishing Group, Inc.

111. *Heart Speaks to Heart* © 1989 by Ave Maria Press, Notre Dame, IN 56556.

112. *A Cry for Mercy* © 1981 by Henri J. M. Nouwen. Doubleday, a division of Bantam Doubleday Dell Publishing Group, Inc.

헨리 나우웬의 마음에 머물렀던 단어들

가족	29-30, 47, 64, 84	사랑	18, 20-21, 23, 40, 48, 56-57, 96
겸손	25, 77	생일	46
고난	31, 42, 79, 84-85, 97	성령	6, 10, 65, 102, 105, 112
고독	23, 52, 67	성찬례	41, 53, 71, 93-95, 101, 108
고백	53	시간	1, 6, 11, 107
공동체	22, 93, 102	십자가	61, 79
관계	64, 76, 89	영적 독서	43, 109
그리스도	9, 36, 79, 81, 83-84, 88, 90, 95, 108	영적 삶	17, 21, 109
긍휼	59, 64	외로움	24, 61
기다림	37	우상	44, 82
기도	6-12, 65-66, 73-76	원수	49
기쁨	24, 42, 97, 110	유혹	34, 43, 57, 92
기억	4, 54, 75	은혜	16, 53
눈물	85	인생	39, 98-100
단순함	36	일상	21, 39, 62
두려움	26-27, 40, 81, 83, 107	자유	15, 33, 45, 65, 80, 104, 108
마리아	7, 35, 84	제자	61, 78, 112
말씀	70-72, 90	죽음	29, 60, 103-104, 106-107
묵상	69	질문	3, 22, 72, 91
믿음	27, 29, 37, 66, 78, 111	축복	6, 19
방해	55	축하	38, 46, 108
부르심	2-3, 5, 28, 35, 58, 77, 86-87, 91-92, 107	치유	4, 63, 72
		침묵	68
분노	32-33, 50-51	희망	13-14, 31

편집자 에벌린 벤스(Evelyn Bence)는 작가이자 편집자로, Doubleday 출판사에서 종교 담당 편집자로 일했다. *Mary's Journal*을 썼고, *All Night, All day*, *Angel's Watching Over Me*를 편집했다.

나우웬과 함께하는 아침

초판 발행_ 2001년 6월 15일
초판 17쇄_ 2014년 7월 1일
개정판 발행_ 2017년 1월 2일
개정판 2쇄_ 2020년 9월 25일

지은이_ 헨리 나우웬
펴낸이_ 신현기

펴낸곳_ 한국기독학생회출판부
등록번호_ 제313-2001-198호(1978.6.1)
주소_ 04031 서울시 마포구 동교로 156-10
대표 전화_ (02)337-2257 팩스_ (02)337-2258
영업 전화_ (02)338-2282 팩스_ 080-915-1515
홈페이지_ http://www.ivp.co.kr 이메일_ ivp@ivp.co.kr
ISBN 978-89-328-1471-1

ⓒ 한국기독학생회출판부 2001, 2017

책값은 뒤표지에 있습니다.
무단 전재와 복제를 금합니다.